图 2-3　南澳大利亚州 3-e 类农业用地

U0951351

图 2-4　南澳大利亚州 6-r 类农业用地

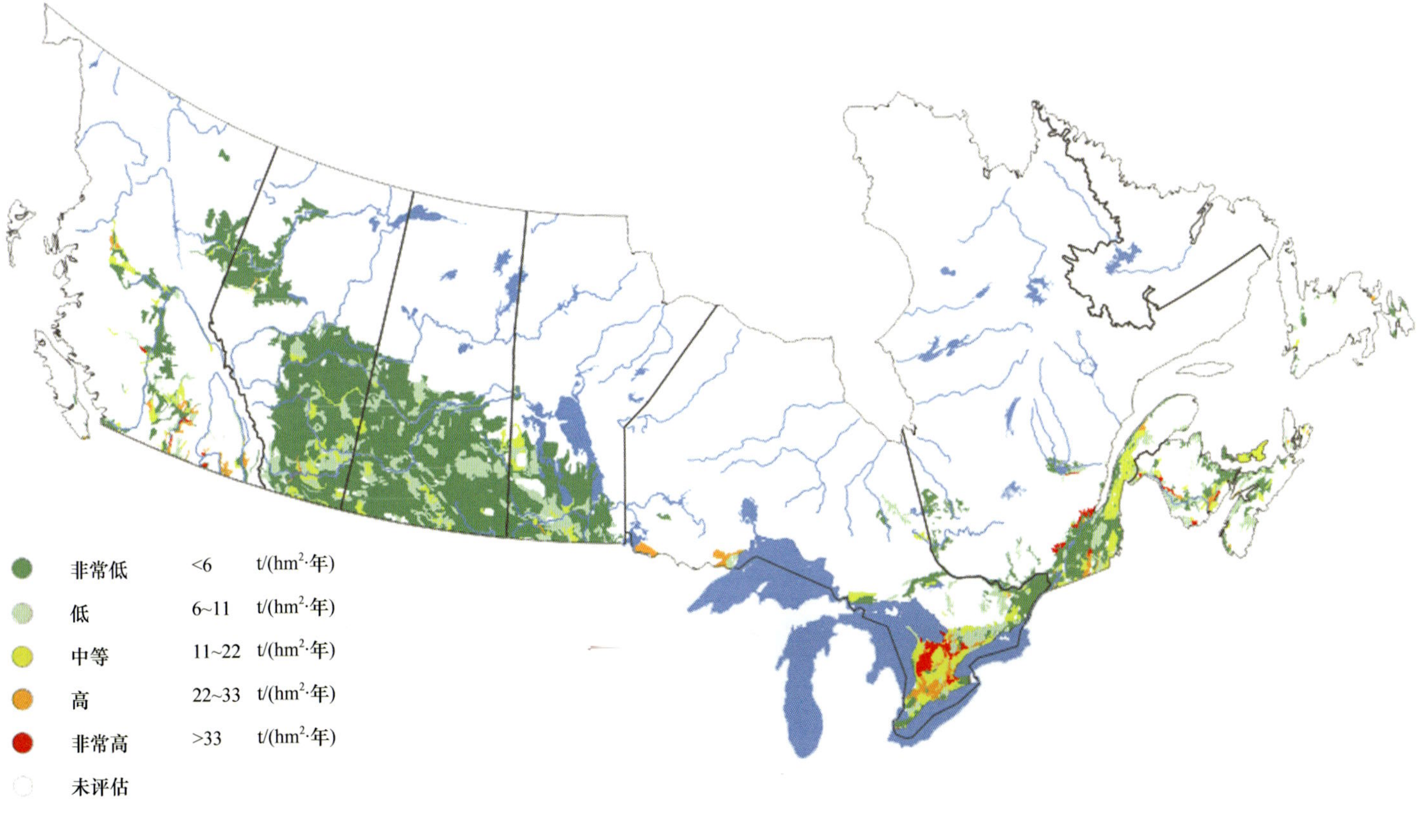

图 2-5　2011 年加拿大土壤侵蚀综合风险

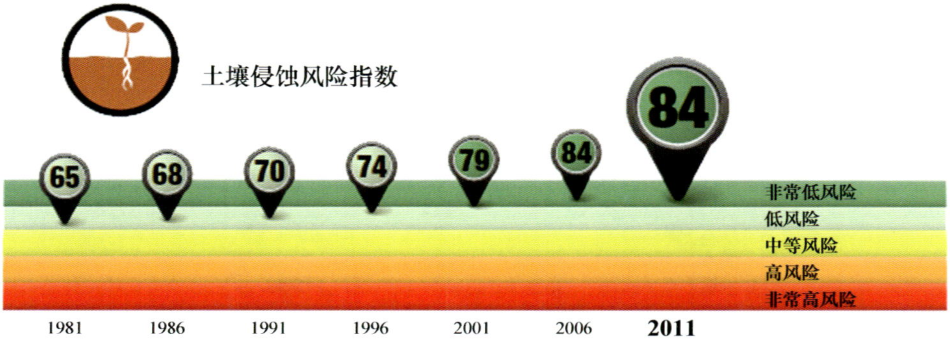

图 2-6　土壤侵蚀风险的变化趋势

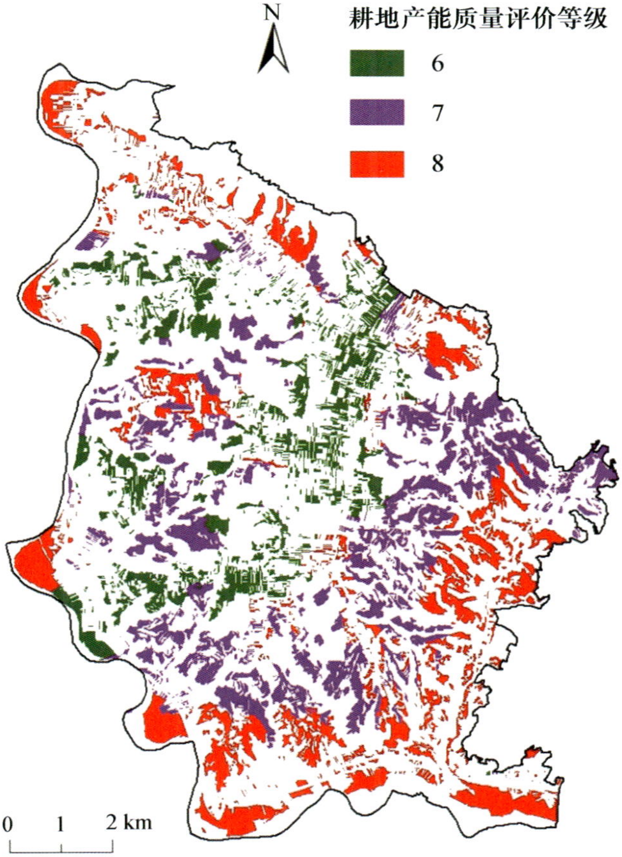

图 6-18　耕地产能质量评价等级空间分布

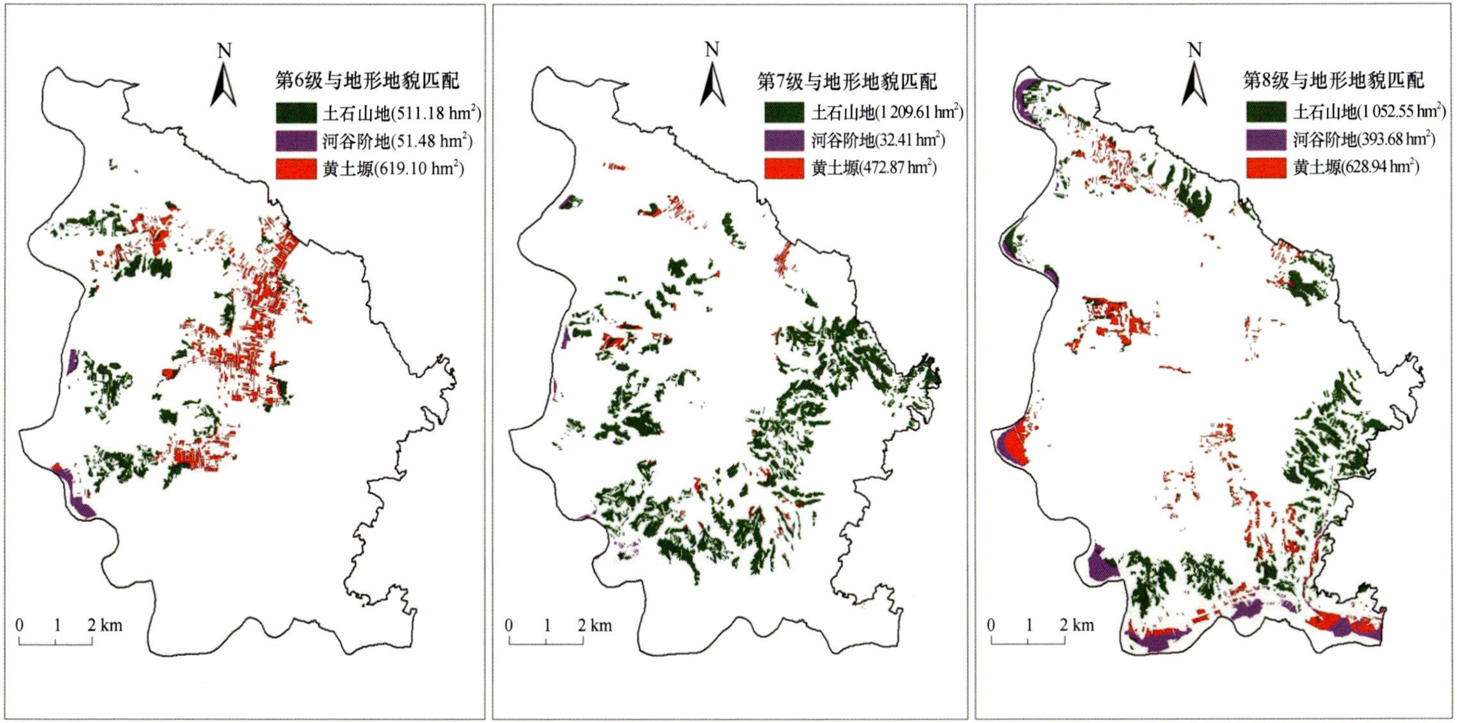

图 6-19　耕地产能质量评价等级与地形部位空间匹配分析

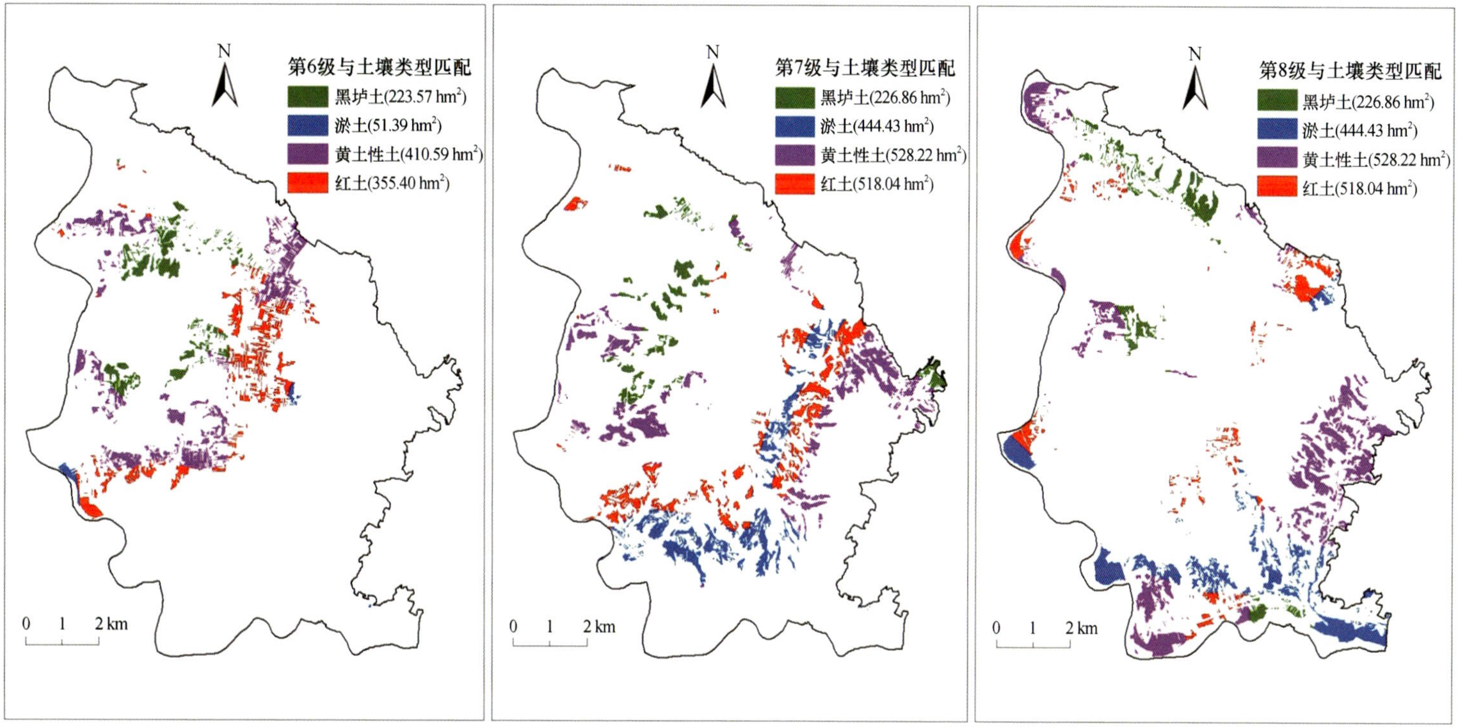

图 6-20　耕地产能质量评价等级与土壤类型空间匹配分析

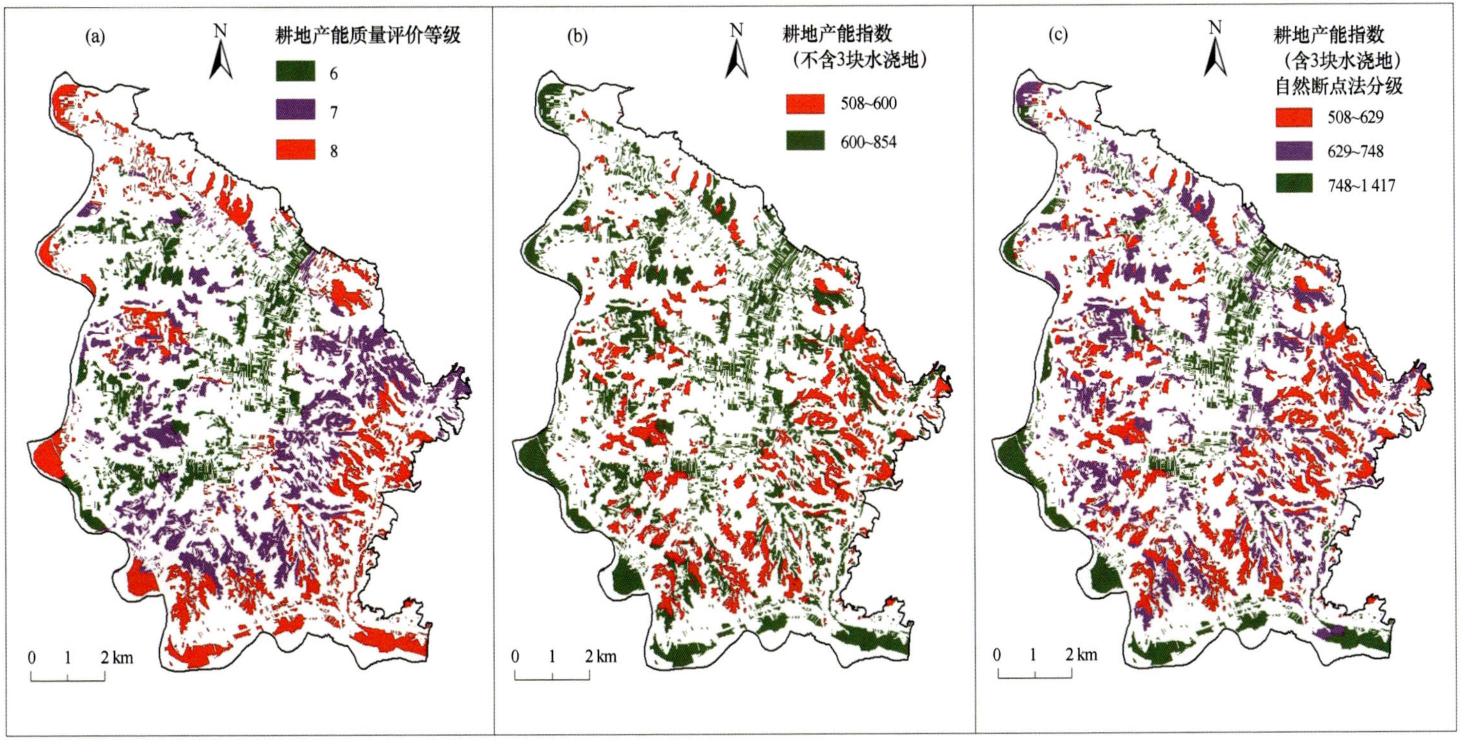

图 6-21　耕地产能质量评价等级结果与已有耕地产能指数比较

耕地质量评价方法与应用

Evaluation Method and Application of Cultivated Land Quality

刘黎明　周　德　常　笑　著

中国农业大学出版社
·北京·

内 容 简 介

本书系统地论述了国内外有关土地质量、耕地质量的不同概念，阐明了耕地、产能与质量之间的相互关系，明确了耕地质量评价的目的、内涵和表达方式；比较分析了美国、加拿大、南澳大利亚州、英国和德国的土地（耕地）质量评价系统框架、指标体系和评价方法的主要特点。在此基础上，本书开展了我国耕地产能质量与耕地环境质量的评价指标体系的构建与评价方法研究，并以陕西省彬县义门镇为案例区进行了实证应用。

本书可供从事自然（土地）资源管理、土地利用与规划、土地整治工程等相关专业的本科生、研究生及一线管理与实践的工作者参考。

图书在版编目(CIP)数据

耕地质量评价方法与应用/刘黎明，周德，常笑著. —北京：中国农业大学出版社，2019.2

ISBN 978-7-5655-2181-2

Ⅰ.①耕… Ⅱ.①刘… ②周… ③常… Ⅲ.①耕地资源-资源评价-中国 Ⅳ.①F323.211

中国版本图书馆 CIP 数据核字(2019)第 040738 号

书　　名 耕地质量评价方法与应用

作　　者 刘黎明　周　德　常　笑　著

策划编辑 孙　勇　王笃利　　**责任编辑** 石　华

封面设计 郑　川

出版发行 中国农业大学出版社

社　　址 北京市海淀区学清路甲 38 号　　**邮政编码** 100083

电　　话 发行部 010-62818525，8625　　读者服务部 010-62732336

编辑部 010-62732617，2618　　出　版　部 010-62733440

网　　址 http://www.caupress.cn　　**E-mail** cbsszs @ cau.edu.cn

经　　销 新华书店

印　　刷 涿州市星河印刷有限公司

版　　次 2019 年 2 月第 1 版　　2019 年 2 月第 1 次印刷

规　　格 787×1092　16 开本　9.25 印张　140 千字　彩插 3

定　　价 36.00 元

图书如有质量问题本社发行部负责调换

前　言

PREFACE

本书系统地论述了国内外有关土地质量、耕地质量的不同概念，阐明了耕地、产能与质量之间的相互关系，明确了耕地质量评价的目的、内涵和表达方式；比较分析了美国、加拿大、南澳大利亚州、英国和德国的土地(耕地)质量评价系统框架、指标体系和评价方法的主要特点。在此基础上，开展了我国耕地产能质量与耕地环境质量的评价指标体系的构建与评价方法研究，并以陕西省彬县义门镇为案例区进行了实证应用，将评价结果与已有的耕地产能指数进行了对比分析，具体研究结论如下。

①本书将耕地质量分解为耕地产能质量和耕地环境质量，前者主要反映影响耕地生产能力的自然属性和耕作条件，后者则主要反映影响耕地的农产品质量和农业环境可持续性，由此分别设置了耕地产能质量指标体系和耕地环境质量指标体系，其评价结果分别反映了耕地产能高低和耕地环境优劣，针对性更强，可以满足不同的评价目的。

②本书遵循了土壤肥力和耕地生产力的最小限制因子定律，突出了耕地障碍因子对耕地产能的限制作用，评价结果具有一定的科学性和针对性，为土地整治提供了明确方向；同时也避免了综合指数法中运用专家打分确定指标权重的主观性和根据综合指数分段划分耕地质量等级的内涵模糊性。在评价过程中，采用了“障碍因子识别”方法(即最小限制因子法)，直接根据各指标状况(气候条件、地学条件和土壤性状)确定其障碍程度，且将“耕作条件”作为可改良属性，通过等权加权求和法得到综合评分，最后将耕地

产能划分为9个等级，各个等级差异显著，且每个等级又有明确的科学内涵。

③通过案例研究应用，并与已有耕地产能指数进行对比分析，本书中耕地产能质量的等级划分及评价结果无论在数量上，还是空间分布上都能够更好地反映研究区耕地质量的实际情况。

本书是国土资源部(现为自然资源部)土地整治中心的委托课题“耕地质量和耕地产能评价指标遴选分析”的研究成果，参与课题研究的人员还有邱孟龙、马聪、王加升。同时，要特别感谢陈百明研究员、陨文聚研究员、王蕾娜研究员以及吴克宁教授、孙丹峰教授对研究方案的不吝指教和宝贵意见。

编著者

2018年12月

目　录

CONTENTS

1 耕地质量评价研究概况

1.1 土地/耕地质量的相关概念和内涵

1.1.1 土地

重新审视土地的基本概念及其内涵，有助于理解土地的基本属性，有助于明确土地质量因子选取的范畴。土地是指地球陆地表面的所有潜在影响土地利用和环境管理的要素集合。土地不仅包括土壤，也包括地形、气候、水文、生物等多个要素，还包括土地改良条件，如农田水利、梯田等基础设施建设状况①。

土地是由地球陆地表面一定立体空间内的气候、地形地貌、土壤、植被、水文及地质等自然要素构成的自然地理综合体，同时还包含着人类活动对其改造和利用的结果。此外，土地的属性除了固有属性，还包括其改良状况。因此，土地质量因子选取的范畴也应当包括固有属性和改良属性两部分。

1.1.2 土地质量和耕地质量

土地质量是指人类需求的土地所包含的各种属性和条件，包括土壤、水、生物学属性以及气候、地形、地质等地学条件，反映了土地的生产能力以及环

---

① Land refers to all elements of the earth's terrestrial surface that affect potential land use and environmental management. Thus, land refers not only to soil but also to landforms, climate, hydrology (surface and groundwater), vegetation (forests and rangelands) and fauna. It also includes land improvements, that is, reasonably permanent alterations to land which improve its capacity for land use, such as terraces and drainage works(WB, FAO, UNDP, UNEP, Christian Pieri, Julian Dumanski, et al. 1995, 2001).

境保护与管理状况①。土地质量评价应与特定的土地利用功能相对应，即具有一定的针对性，不加选择地、泛泛地讨论质量是没有意义的。土地质量评价的核心目标是测度土地质量状况的变化，土地质量指标体系则是监测土地利用管理绩效和环境影响的一种手段②。

耕地的基本功能是其生产能力。因此，耕地质量评价指标应选择对其生产能力具有直接影响的土地属性或条件。耕地质量可概括为耕地物质生产力条件（capacity）与耕地环境状态（environmental health）两方面的总和。相对应的耕地质量指标体系可概括为耕地产能质量指标和耕地环境质量指标两类，前者主要反映耕地的作物生产能力，后者主要反映耕地的农产品质量和农业环境的可持续性。

1.2 耕地产能与耕地质量的相互关系

耕地的基本功能是生产粮食，因此，可以将它比作一个饭碗。饭碗的大小就是产能（capacity）；饭碗里实际装什么（作物类型）、能装多少（产量）就是现实生产力或产量（production）；饭碗是否干净、有没有污染（contamination）就是耕地环境。国土资源部门应当重点关注饭碗的大小，即耕地的资源潜力；农业部门则负责饭碗里装什么、实际装了多少，也就是每年对耕地的流动投入和生产过程；而一旦饭碗不干净，被污染了，是有关耕地环境质量的问题，应当是环保部门的职责，国土部门只要有监督权即可，没必要主导。

那么哪些因素影响饭碗的大小呢？一是吃饭的人（对饭碗的大小提出需

---

① Land quality refers to the state or condition of land, including its soil, water and biological properties, relative to human needs. It relates to the condition and capacity of land for purposes of production, conservation and environmental management. Land quality needs to be assessed with respect to specific functions and types of land use. Land quality refers to the condition or 'health' of land, and specifically to its capacity for sustainable land use and environmental management, Land quality must be assessed with respect to specific types of land use(WB, FAO, UNDP, UNEP, Christian Pieri, Julian Dumanski, et al., December, 1995, 2001).

② The central objective of these efforts is to measure changes in the quality or condition of land, and so promote land management practices that ensure productive and sustainable use of natural resources. Indicators provide a means to monitor the performance of agricultural, forestry and natural resource management projects, and to measure the impact of national policies on the environment(WB, FAO, UNDP, UNEP, Christian Pieri, Julian Dumanski, et al. December, 1995, 2001).

求);二是资源的多少;三是资源的质量(资源的多少和质量决定饭碗的大小)。资源的质量主要指耕地质量,由影响耕地生产潜能的土地属性和条件所决定。鉴于此,耕地质量范畴可以界定为影响耕地生产潜能的土地属性和条件(包括改良条件)。

1.3 耕地质量评价的国内研究进展

1.3.1 概述

耕地作为重要的自然资源,对于保障一个国家或地区的粮食安全和社会稳定具有非常重要的意义。自从新中国成立以来,尤其是改革开放以来,在城镇化和工业化双轮驱动下,中国正面临巨大的变化和挑战,如人口增长和分布不平衡、消费结构升级、土地退化等,这些变化严重挑战了耕地满足粮食供给、能源消耗和生态环境保护等方面的能力。一直以来,耕地的数量、质量、生态和可持续利用越来越受到政府与学术界的关注和讨论。

2015 年,国务院发布了《关于加快推进生态文明建设的意见》,强调要“强化农田生态保护,实施耕地质量保护与提升行动,加大退化、污染、损毁农田改良和修复力度,加强耕地质量调查监测与评价”。同年,中共中央总书记、国家主席、中央军委主席习近平对耕地保护工作做出了重要指示:“要实行最严格的耕地保护制度,依法依规做好耕地占补平衡,规范有序推进农村土地流转,像保护大熊猫一样保护耕地”。2017 年初,中共中央国务院印发了《关于加强耕地保护和改进占补平衡的意见》(中发〔2017〕4 号),明确提出要“着力加强耕地数量、质量、生态‘三位一体’保护。强化耕地保护意识,强化土地用途管制,强化耕地质量保护与提升,坚决防止耕地占补平衡中补充耕地数量不到位、补充耕地质量不到位的问题”。2018 年,第十三届全国人民代表大会第一次会议关于国务院机构改革方案的决定设置组建自然资源部,作为国务院组成部门,行使对包括耕地资源在内的自然资源开发利用和保护进行监管等职责。

目前,学术界对于耕地管理与保护已倾注大量关注,主要工作有耕地质量内涵的发展与演变、耕地生产力评价、耕地生产力潜力评价、耕地适宜性评价、耕地质量分等定级、耕地质量动态演变与驱动机制研究、耕地结构与功能演变、耕地生态安全以及耕地保护与城镇化发展的关系等相关研究。在国家层面上，国土资源部（现为自然资源部）和农业部（现为农业农村部）在耕地质量评价及保护方面发布了一系列政策并采取了一系列行动，旨在评价、监控与管理全国耕地的基本情况（表1-1），2个部门制定的耕地质量评价体系侧重点有所不同，农业部门以耕地地力评价为主要目标，国土部门以耕地数量和质量动态平衡管理为目标，通过分等定级实现全国和区域内的耕地质量可比。环保部门也制定了相关的农用地土壤环境评价体系，侧重于土壤中各类重金属和有机物污染的测定和评估。从评价内容来看，中国耕地管理经历了3个阶段：数量调查阶段、质量评价与分等定级阶段、生态保护与可持续利用阶段。当前中国耕地管理已进入数量、质量、生态“三位一体”保护阶段。

表1-1　耕地管理相关的主要政策文件和措施

时间	部门	法律/规范/政策指南	主要内容
1951	财政部	土地经济评价	财政部组织查田定产，对全国耕地评定等级，但对等级划分和地区间平衡的方法没有科学界定
1956—1960	农业部	全国第一次土壤普查	以土壤农业性状为基础，提出全国第一个农业土壤分类系统
1970s	农业部	土地适宜性评价	引入联合国粮农组织（FAO）的土地适宜性评价，开展了探索性研究
1979—1994	农业部	全国第二次土壤普查	依据土壤的主要养分水平对土壤肥力状况进行评价定级，在全国范围内将土壤肥力分为8个级别，但不能反映各地生产力水平的差异（土地生产力分级）
1983	中国科学院	全国1∶100万土地资源图分类体系	中国科学院综考会主持编制全国1∶100万土地资源图，对全国土地进行生产力评级，分为潜力区（水热条件）、适宜类（适宜性）、适宜等（适宜程度）、限制型（限制因素）、资源单位（制图单位）5个方面

续表 1-1

时间	部门	法律/规范/政策指南	主要内容
1986	农牧渔业部	县级土地评价技术规程（试行草案）	主要以水、热、土等自然条件为评价因素，划分农用地自然生产潜力的级别
1995	国家环境保护局	土壤环境质量标准（GB 15616—1995）	按土壤应用功能、保护目标和土壤主要性质，规定了土壤中污染物的最高允许浓度指标值及相应的监测方法。适用于农田、蔬菜地、茶园、果园、牧场、林地、自然保护区等地的土壤
1996	农业部	全国耕地类型区域、耕地地力等级划分（NY-T 309—1996）	将全国划分为7个耕地类型区、10个耕地地力等级，并分别建立了各类型区耕地部分的等级范围及基础地力要素指标体系
2003	国土资源部	农用地分等规程（TD/T 1004—2003）国家标准	规定了农用地分等工作的目的、任务、对象、原则、内容、程序、方法、成果要求、成果的检查验收、成果更新和应用以及档案管理等
2003	国土资源部	农用地定级规程（TD/T 1005—2003）国家标准	规定了农用地定级工作的目的、任务、对象、原则、内容、程序、方法、成果要求、成果的检查验收、成果更新和应用以及档案管理等
2004	国家环境保护总局	土壤环境监测技术规范（HJ/T 166—2004）	由布点、样品采集、样品处理、样品测定、环境质量评价、质量保证及附录等部分构成，在每个部分规范了土壤监测的步骤和技术要求，适用于全国区域土壤背景、农田土壤环境、建设项目土壤环境评价、土壤污染事故等类型的监测
2008	农业部	耕地地力调查与质量评价技术规程（NY/T 1634—2008）	耕地质量定义为满足作物生长和清洁生产的程度，包括耕地地力和耕地环境质量两方面
2008	农业部	县域耕地资源管理信息系统数据字典	农业部多次召集专家研讨建立了全国共用的耕地地力评价指标体系，对每一个指标的名称、释义、量纲、上下限给出了准确、统一的定义

续表 1-1

时间	部门	法律/规范/政策指南	主要内容
2011	国土资源部	耕地等级变化野外监测技术集成与应用示范	为了及时掌握耕地质量等级动态变化情况,国土资源部于 2011 年起开展了重大公益性行业科研专项项目"耕地等级变化野外监测技术集成与应用示范",并同时开展了西部区云南陆良县、重庆丰都县、内蒙古达拉特、新疆阿勒泰市和陕西凤翔县 5 个耕地质量等级监测试点研究工作
2011	国土资源部	高标准基本农田建设规范(试行)	明确了高标准基本农田建设的目标、任务、原则、建设内容与技术要求、建设程序等,首次从国家层面规范高标准基本农田建设工作
2011	国土资源部	基本农田划定技术规程(TD/T 1032—2011)行业标准	规定了基本农田划定(补划)的任务、原则、实施主体、技术方法、技术要求、流程、成果规范等
2012	农业部	农田土壤环境质量监测技术规范(NYT 395—2012)	规定了农田土壤环境质量监测的布点采样、分析方法、质控措施、数理统计、结果评价、成果表达与资料整编等技术内容。适用于农田土壤环境监测,包括六六六、总砷、总汞、总铬、铅、铬鞯污染物的测定方法和标准
2012	国土资源部	耕地质量等别调查评价与监测工作方案	旨在进一步加强耕地质量等别调查评价与监测工作,逐步建立土地数量、质量、权属统一登记制度,满足土地资源数量质量并重管理的需要
2012	国土资源部	国土资源部关于提升耕地保护水平全面加强耕地质量建设与管理的通知	加快划定永久基本农田,严格管控优质耕地;大力推进农村土地整治,全面提升耕地质量等级;严格落实耕地占补平衡,把好补充耕地质量关;积极推行"移土培肥",统筹做好建设占用优质耕地耕作层剥离和再利用;持续加强监测评价,及时掌握耕地质量动态变化;加强组织领导,落实耕地质量建设与管理共同责任

续表 1-1

时间	部门	法律/规范/政策指南	主要内容
2012	国土资源部	农用地定级规程(GB/T 28405—2012)国家标准	规定了农用地定级工作的总则、准备工作、确定定级指数、级别划分与校验、成果编绘、成果验收和应用等
2012	国土资源部	农用地质量分等规程(GB/T 28407—2012)国家标准	规定了农用地质量分等工作的总则、准备工作与资料整理、外业补充调查、标准耕作制度和基准作物、划分分等单元、农用地质量等级评定、建立标准样地体系以及成功编绘、验收、更新归档与应用等
2013	浙江省农业厅 浙江省地方标准	耕地质量评定与地力分等定级技术规范(DB33/T 895—2013)	规定了耕地质量评定的术语和定义、现场勘查、样品采集、样品检测、补充耕地建设项目工程与肥力要素评价、耕地质量评价和耕地质量评定报告等。适用于耕地和土地整治、种地产田(地)改造及农业综合开发等垦造耕地的质量评定与地力分等定级
2013	国土资源部	关于提升耕地保护水平全面加强耕地质量建设与管理的通知	标志着耕地数量、质量并重保护的理念与行动已经转化为具体的政策措施
2015	国土资源部	耕地质量等别年度更新评价技术手册	对年度内耕地增减变化及耕地质量建设等引起的耕地质量等级变化,进行耕地质量等别年度更新评价,生成耕地质量等别年度更新评价数据包,更新耕地质量等别数据库,并形成耕地质量等别年度更新评价分析报告
2016	国土资源部	农用地分等规程(TD/T 1004—2016)	规定了农用地分等工作的目的、任务、对象、原则、内容、程序、方法、成果要求、成果的检查验收、成果更新和应用,以及档案管理等
2016	国土资源部	国家标准高标准农田建设评价规范	为高标准农田建设"评什么、怎么评"提供统一的评价尺度和方法
2016	环境保护部 南京环境科学研究所	农用地土壤环境质量标准(三次征求意见稿)	修订《土壤环境质量标准(GB 15616—1995)》

续表 1-1

时间	部门	法律/规范/政策指南	主要内容
2016	环境保护部	污染地块土壤环境管理办法	旨在加强污染地块环境保护监督管理,防控污染地块环境风险
2016	农业部	耕地质量等级(GB/T 33469—2016)	规定了耕地质量区域划分、指标确定、耕地质量等级划分流程等内容;先判断土壤是否存在污染,然后进行耕地质量等级划分和耕地清洁度判定
2016	农业部	耕地质量调查监测与评价办法	提出了耕地质量调查、监测、评价与信息发布等制度
2017	国务院	中共中央国务院关于加强耕地保护和改进占补平衡的意见(中发〔2017〕4 号)	加强耕地质量调查评价与监测,建立健全耕地质量和耕地产能评价制度,完善评价指标体系和评价方法,定期对全国耕地质量和耕地产能水平进行全面评价并发布评价结果;完善土地调查监测体系和耕地质量监测网络,开展耕地质量年度监测成果更新
2017	中国国民党革命委员会中央委员会	政协提案:关于进一步做好耕地质量建设与管理工作	进一步完善耕地质量建设与管理体系建设;认真落实相关政策法规;依法解决耕地质量建设与管理经费;建立耕地质量建设与管理的长效机制
2017	环境保护部、农业部联合发布	农用地土壤环境管理办法(试行)	指导农用地土壤污染防治相关活动及其监督管理;环境保护部对全国农用地土壤环境保护工作实施统一监督管理;农业部对全国农用地土壤安全利用、严格管控、治理与修复等工作实施监督管理
2017	农业部	耕地质量标准化验室考核办法(试行)	旨在加强耕地质量检测体系建设与管理,规范耕地质量标准化验室考核工作,提升技术支撑能力
2018	国土资源部	关于严格核定土地整治和高标准农田建设项目新增耕地的通知	要求严格规范新增耕地管理,实行归口管理、统一核定,确保新增耕地数量真实、质量可靠
2018	国土资源部	土地整治和高标准农田建设项目新增耕地核定技术要求(试行)	明确了新增耕地的核定范围;统一新增耕地的核定条件;要求严格核实认定新增耕地;落实新增耕地核定责任

续表 1-1

时间	部门	法律/规范/政策指南	主要内容
1999—2009	国土资源部	第一次中国耕地质量等级调查与评定	第一次全面摸清了我国耕地质量等级与分布状况，首次实现了全国耕地质量等级的统一可比，填补了我国耕地质量等级研究的空白；编绘了 1∶450 万中国耕地质量等别图，建立了 1∶50 万中国耕地质量等别数据库
2011—2014	国土资源部	第二次中国耕地质量等级调查与评定	以第一次全国土地利用现状调查的耕地质量等别成果为基础，通过开展补充调查和更新评价，形成了基于第二次全国土地调查的最新耕地质量等别成果

农业部门早期的耕地质量评价主要关注土壤肥力及其自然特性，较少考虑人类利用影响及经济特性，近年来也在土壤特性的基础上加入农田建设和土壤环境指标，如 2008 年出台的《耕地地力调查与质量评价技术规程(NY/T 1634—2008)》以及 2016 年出台的《耕地质量等级(GB/T 33469—2016)》，将耕地质量定义为耕地地力和耕地环境质量两方面，综合考虑了耕地生产能力和清洁生产的需要，先评价以生产力为主的耕地质量等级，提出有针对性的耕地培肥与土壤改良对策措施，再对耕地清洁程度进行评价，明确耕地土壤的主要污染物类型，最终对耕地质量进行综合评估。

以《耕地地力调查与质量评价技术规程(NY/T 1634—2008)》为例，耕地地力评价部分包括气象(积温、降水、无霜期等)、立地条件(地形部位、坡度、成土母质、土壤侵蚀等)、剖面性状(耕层厚度、质地构型、耕层厚度、腐殖层厚度等)、土壤理化性状(有机质、全氮、有效磷、有效锌等)、障碍因子(障碍层类性及厚度、耕层含盐量、地下水矿化度等)以及土壤管理(灌溉保证率、抗旱及排涝能力、轮作制度、梯田类性等)，省级和县级的耕地地力评价因子可以因地制宜从指标集中选取；耕地环境质量评价中包括土壤单项指标(包括镉、汞、砷、六六六等严控指标和铜、铅等一般控制指标)和农田灌溉水指标。2012 年农业部出台了《农田土壤环境质量监测技术规范(NYT 395—2012)》，规定了六六六、总砷、总汞、总铬、铅、铬鞣等污染物的测定方法和标准；2017 年农业部与环保部联合发布了《农用地土壤环境管理办法(试行)》，用于指导农用地土壤污染防治相关活动及其监督管理，明确了环境保护部对全国农用地土壤环境保护工作实施统一监督管理，农业部对全国农用地土壤安全利用、严格管控、治理与修复等工作实施监督管理。

国土部门以“农用地分等定级”相关技术体系为基础，提出了基本农田划定的方法，以及耕地数量及质量动态平衡管理、土地整治、高标准农田建设等一系列政策规定。农用地分等定级评价体系除了考虑耕地本身的自然条件外，还设置了土地利用系数和经济系数，将土地利用效益和成本考虑在内，有利于在区域或全国范围内实现耕地质量可比，满足耕地资源数量质量动态平衡管理的需要。但农用地分等定级也是以主要粮食作物产量（指定作物和基准作物）为基础数据计算的，没有直接体现出耕地设施条件，更缺少对耕地环境的考量。因此，新的耕地质量评价应纳入农田设施建设指标和耕地环境指标，将这两项纳入对耕地质量的评价和考核管理中，体现出国土部门在土地整治、改造耕地利用条件、高标准农田建设等方面的职能特点。

1.3.2 关于耕地质量的内涵研究

随着耕地结构、功能与价值的演变，其内涵也不断丰富。赵登辉和郭川(1997)认为耕地质量是耕地的综合属性，由耕地土壤肥力和耕地位置决定。吴群(2002)认为耕地质量主要指耕地在现有的农业生产技术、管理与投入水平下所能达到的现实生产能力包括耕地的自然质量和耕地利用质量。刘友兆等(2003)认为耕地质量是构成耕地的各种自然因素和环境条件的总和，表现为耕地生产能力的高低、耕地环境状况的优劣以及耕地产品质量的好坏。耕地质量的前期研究中，大部分学者从耕地的自然属性角度定义其内涵，更多关注耕地本身的性质及其生产能力。

赵春雨和朱永恒(2006)认为耕地质量是指满足人们生态需求和生产需求的耕地状况和条件（冷疏影，1999）。王玉波(2009)认为耕地质量是耕地现实生物生产能力、收益能力与未来潜在收益能力的综合属性特征。我国行业标准《耕地地力调查与质量评价技术规程（NY/T 1634—2008）》(2008)中将耕地质量定义为：“耕地质量是指满足作物生长和清洁生产的程度，包括耕地地力和土壤环境质量两个方面。”吴大放等(2010)指出耕地质量是耕地的状况和条件，自然环境的变化、土地利用方式和程度的改变、耕地投入水平变化、农业科技普及与应用程度等都会影响耕地质量。孔祥斌等(2010)认为耕地质量是自然、社会、经济与技术进步综合影响的结果，具有多种属性和功能表现形式，主要体现在粮食生产能力上，其外在表现形式为耕地生产能力，内在表现形式为耕地的自然质量、利用质量、经济质量。沈仁芳等(2012)认为耕地质量是多层次的综合概念，包括耕地的土壤质量、空间地理质量、管理质量和经济质量4个方面。

可见，随着时代的发展，对耕地质量的研究不再仅仅局限于生产能力，而是从更多更深入的角度丰富耕地质量的内涵。不仅横向考虑了生态环境安全以及人的需求，还纵向考虑到耕地未来的潜在发展能力。从早期的对于单一基础地力的研究扩展到对土壤环境质量、生产潜力、适宜性及可持续性等多个方面(付国珍，2015)。

1.3.3 有关耕地质量评价的相关研究

土地评价是以不同土地利用方式为目的，估计土地潜力和土地适宜性的过程，它的实质是对土地生产力高低的鉴定，基本特征是比较土地利用的要求和土地质量的供给(蒙吉军，2005)。耕地质量评价是基于特定目的的专项或综合评价，已从耕地自然状态的研究，发展到综合考虑自然、经济和社会的"人地一体化"的资源价值管理评价(Dumanski 和 Pieri，2000)。根据不同的评价目的和阶段性任务，耕地质量评价的内容有所不同，按照时间顺序基本可以划分为土壤肥力和质量评价、农业生产力评价、土地适宜性评价、农用地分等定级估价、农业生产潜力评价、土地可持续性利用评价六大类型。

1. 土壤质量评价

新中国成立以后，1950年召开了土壤肥料大会，这次会议对土壤改良提出了具体实施计划，提出土壤调查计划，决定在三至五年内对大片荒地进行调查。此次会议还提出了合理利用荒地、水土保持和改善肥料使用等内容，推动了新中国耕地质量评价工作的开展。

1958年，我国展开了全国第一次土壤普查，以土壤农业性状为基础，提出全国第一个农业土壤分类系统。1979年，开展了全国第二次土壤普查，将土壤的成土条件、成土过程及属性作为分类依据，在全国范围内对土壤类型进行资源性调查，耕地质量评价是其中非常重要的内容。另外，我国历时 16 年完成了不同比例尺的土壤制图[全国 1∶100 万，各省区（1∶50 万）～（1∶100 万），各地市区（1∶10 万）～（1∶20 万），各县 1∶5 万]，并编绘了相应的土壤类型图、土壤资源利用图、土壤养分图、土壤改良分区图。除此之外，还形成了《中国土壤》《中国土壤普查技术》《中国土壤普查数据》等成果（张凤荣 等，2014）。

1995 年，国家环境保护局提出并起草了《土壤环境质量标准（GB 15616—1995）》，并于 1996 年 1 月 1 日实行。此标准按土壤应用功能、保护目标和土壤主要性质，规定了土壤中污染物的最高允许浓度指标值及相应的监测方法。2005 年出台的《土壤环境监测技术规范（HJ/T 166—2004）》规范了土壤监测的步骤和技术要求。2007 年颁布了《基本农田环境质量保护技术规范 NY/T 1259—2007》行业标准，规定了基本农田环境质量现状监测与评价及基本农田环境质量状况标准。2012 年，农业部又提出《农田土壤环境质量监测技术规范（NY/T 395—2012）》，详细规定了农田土壤环境质量监测的技术内容。

为了加强土壤污染防治，改善土壤环境质量，2016 年，国务院印发了《土壤污染防治行动计划》（简称为“土十条”），随着土十条的颁布和实施，开展了《土壤环境质量标准》的修订工作，准备将《土壤环境质量标准》调整为《农用地土壤环境质量标准》，并且已经完成了 3 次意见征集。《土壤环境质量评价技术规范（二次征求意见稿）》也已完成。同时，环境保护部制定的《污染地块土壤环境管理办法》《农用地土壤环境管理办法（试行）》均于 2017 年开始施行。以上技术规范为土壤环境质量评价和污染治理提供了标准支持（陈玉芳，2017）。

土壤质量评价是指综合不同的土壤功能，包括保持生产力、维持环境质量和保证动物健康的属性，对这些属性进行时间尺度或空间尺度上的衡量（汪媛媛 等，2011）。土壤质量评价通常分为定性评价和定量评价。较为传统的评价方法是定性评价，通过对土壤性质的判断给予土壤质量一个好与坏的评价。随着土壤科学的发展，利用数学模型和数学方法对土壤质量进行定量评价已经成为主要的发展趋势。土壤质量的评价过程和主要方法，如表 1-2 所示。

表 1-2 土壤质量评价过程和主要方法

评价过程	主要运用模型和方法
选择评价指标，构建评价指标体系	主成分分析法、层次分析法、相关系数检验、灰色关联度分析、多元回归等
确定各指标的权重	层次分析、多元回归分析、主成分分析、逐步回归分析、灰色关联度分析、等值法、等差法等
单因素评价和综合评价	分级赋值法、模糊综合判别、聚类分析等

注：刘世梁，博伯杰，刘国华，等．我国土壤质量及其评价研究的进展[J]．土壤通报，2006(1)：137-143.

2. 农业生产能力评价

农业生产能力是指农业产业领域获得产品的能力(徐勇和林冠，2011)。最初对于农业生产能力的评价是根据单位面积粮食产量来判定的，这种方法简单易行，但它仅仅从单一角度判断农业生产能力，而且只能从结果来反映能力，没有从整个自然生产过程和人们的后期投入等多角度体现耕地的生产能力。

农业部于 1996 年出台了《全国耕地类型区域、耕地地力等级划分(NY/T 309—1996)》，此标准将全国划分为 7 个耕地类型区、10 个耕地地力等级，并分别建立了各类型区耕地部分的等级范围及基础地力要素指标体系。2008 年，农业部制定了《耕地地力调查与质量评价技术规程(NY/T 1634—2008)》，规定了耕地地力与耕地环境质量调查与评价的方法、程序与内容，选取了气象、立地条件、剖面性状、土壤理化性状、障碍因素、土壤管理等评价因素。耕地地力评价过程和主要方法，如表 1-3 所示。

表 1-3 耕地地力评价过程和主要方法

评价过程	主要运用模型和方法
评价单元赋值	直接赋值法、叠加分析法
确定各评价因子权重	特尔斐法、层次分析法
确定各评价因子隶属度	模糊评价法、特尔斐法、隶属函数法
计算耕地地力综合指数	累加法
划分地力级别	等距法

2011 年 6 月国土资源部发布实施了行业标准《基本农田划定技术规程

（TD/T 1032—2011）》，对基本农田划定的任务、原则、技术方法、技术要求等做出了规定。2011 年 9 月国土资源部印发《高标准基本农田建设规范（试行）》，规范中明确指出高标准基本农田就是在一定时期内，通过土地整治建设形成的集中连片、设施配套、高产稳产、生态良好、抗灾能力强，与现代农业生产和经营方式相适应的基本农田。规范明确了高标准基本农田建设的目标、任务、原则、建设内容与技术要求、建设程序等，首次从国家层面规范高标准基本农田建设工作，充分表现了对高标准基本农田建设的重视。2012 年为了推进土地整治工作，加强高标准基本农田建设，实现耕地保护，提高耕地质量，实现集约用地，国土资源部提出了《高标准基本农田建设标准（TD/T 1033—2012）》。2016 年，国家标准《高标准农田建设评价规范》发布，对于高标准农田建设的具体评价内容和方法提供统一的评价尺度。

3. 土地适宜性评价研究

土地适宜性是指一定土地类型对一种指定用途的适宜程度，土地适宜性评价 是对土地在特定利用方式下的适宜性程度的评价过程（严兵，1989）。中国科学院自然资源综合考察委员会于 1983 年拟定的《中国 1∶100 万土地资源图》是参照了 FAO 的《土地评价纲要》，并且结合了我国实际的综合性土地适宜性评价。该评价系统由土地潜力区，土地适宜类、土地质量等、土地限制型和土地资源单位 5 个等级组成。

土地潜力区作为土地评价的“零”级单位，其划分是以气候因素的水热条件为依据。在同一区内，具有大致相同的土地生产潜力，包括适宜的农作物、牧草、林木的种类、组成、熟制和产量以及土地利用的主要方向和主要措施（石玉林，1982）。

土地适宜类是在土地潜力区内依据土地对农、林、牧业生产的适宜性划分（蒙吉军，2005）。在进行适宜性评价时，对具有多适宜性的土地不可简单的划分为宜农、宜林、宜牧等。对那些主要利用方向难以明确的多适宜性土地的评价，称为多宜性评价。据此可划分为 8 个土地适宜类：宜农、宜林、宜牧、宜农林、宜农牧、宜林牧、宜农林牧、不宜农林牧土地类。

土地质量等是在土地适宜类范围内反映土地的适宜程度和生产力的高低（石玉林，1982）。土地等的划分可按农林牧诸方面各分为 3 个等级，即一、

二、三等宜农，一、二、三等宜林，一、二、三等宜牧。

土地限制型是在土地质量等的范围内，按限制因素种类及其强度进一步划分（石玉林，1982）。在同一土地限制型内具有相同的主要限制因素和改造措施。主要的限制性因素有坡度、水分限制、土壤限制、温度限制等。

土地资源单位，即土地资源类型，由地貌、土壤、植被与土地利用类型组成（蒙吉军，2005）。

土地适宜性评价的过程首先是确定评价目的，进行资料收集和准备；其次是评价因素的选择和评价单元的划分，再进行评价因素权重的确定；然后是土地适宜类、土地适宜等和土地限制型的确定，最后得出评价结果。

随着社会的发展，土地适宜性评价也在不断发展。首先，评价的指标体系在变化，评价因子的选择逐渐多元化，不仅仅考虑自然因素，还会更多地考虑经济和社会因素；其次，引入了景观生态学理论和可持续发展等理论；最后，适宜性评价的技术水平也有了很大提升，越来越多地运用到 GIS 技术和数学模型。GIS 技术可以有效地将评价中所需要的数据与空间图形结合起来，灵活地进行空间分析和处理，还可以将评价结果直接表达为图件形式，明显提高了评价的效率（齐增湘，2015）。运用到的数学模型有层次分析法、主成分分析法、K-均值聚类法、模糊综合评价法、两步聚类法、模糊聚类法等（薛敏，2017）。

4. 农用地分等定级与估价

农用地分等定级是根据农用地的自然属性和社会属性及其在社会经济活动中的地位与作用，综合评定农用地土地质量的优劣并划分等级（关文荣，2000）。我国是世界上最早开展土地分类研究并进行农用地评价的国家，据《尚书・禹贡篇》记载，当时全国疆域划分为九州，按各州的土色、质地和水分划分为三等九级，根据土地质量等级制定赋税，这可能是世界上最早的关于土地质量评价的记载（鲁明星 等，2006）。战国时期的《管子・地员篇》将九州土地分为 18 类，按土地性质对农林的差异，把 18 类土地分为上土、中土、下土 3 等，每类土地又分为 5 物（品色）形成 3 等 18 类 90 物的土地评价系统，这是世界上最早为合理利用土地而进行的土地评价工作（蒙吉军，2005）；北宋时期，朝廷曾丈量土地，对土地等级进行划分，按等级收税（邵景安，

2002);其他朝代也开展过类似的工作,但是在新中国成立之前,土地分等定级还处于起步阶段。

1951 年我国组织开展了查田定产工作,对全国耕地评定等级,并界定了耕地产量以合理分担农业税,这是最初的土地经济评价,但这次评价对等级的划分和地区间平衡的方法缺少科学的界定。

1983 年制定的《全国 1∶100 万土地资源图》分类体系采用了“土地潜力区—土地适宜类—土地质量等—土地限制型—土地资源单位”5 级分类方案,对全国土地资源的综合质量状况和生产潜力进行了较为宏观的分类(张凤荣,2002)。1986 年出台的《县级土地评价技术规程(试行草案)》,主要以水、热、土等自然条件为评价因素,划分农用地自然生产潜力的级别。1989 年原国家土地管理局制定了《农用地土地分等定级规程(征求意见稿)》,并在全国选择了有代表性的 7 个县(市)开展试点工作。1998 年国土资源部成立以后,在农用地分等定级试点的基础上,对《农用地土地分等定级规程(征求意见稿)》进行了修订,编制了《农用地分等定级规程(讨论稿)》(中国国土资源报网,2012)。

1999 年我国开展了第一次耕地质量等级调查与评定,第一次全面摸清了我国耕地质量等级与分布状况,首次实现了全国耕地质量等级的统一可比,填补了我国耕地质量等级研究的空白,并编绘了 1∶450 万中国耕地质量等别图,建立了 1∶50 万中国耕地质量等别数据库。在第一次耕地调查的基础上,2002 年形成了《农用地分等规程》《农用地定级规程》和《农用地估价规程》3 个规程,并于 2003 年正式以行业标准颁布实施。在 3 项行业标准的指导下,我国在 2009 年顺利完成了全国耕地质量等级调查和评定。为了更好地实现对耕地的管理,在 2012 年,将《农用地质量分等规程》《农用地定级规程》和《农用地估价规程》以国家标准正式发布,规范了以耕地为主的农用地质量评价与价格评估工作(孔祥斌 等,2017)。

5. 农业生产潜力评价

土地生产潜力评价是从理论上对土地生产能力可能达到的产量进行估算。国内学者研究时,将植物、气候和土壤视为一个整体系统,考虑其中各部分的相互作用以及各因子及其共同作用对作物生产力形成的影响(蒙吉军,

2005)。通过模拟作物的光合过程,计算作物的生产力,此过程主要受光照和温度的影响,计算得到的生产力称为光温生产潜力;再模拟水分条件对作物生长的影响,进行水分修正,称为光温水生产潜力;在光温水生产潜力的基础上,模拟土壤条件对作物生长的影响,进行土壤修正,计算所得的生产力称为光温水土生产潜力。

1962—1963年,北京大学陈传康等学者对毛乌素沙区的土地资源以土地类型为基本单元进行分等评价,实质上是一种土地潜力评价,在把土地分为8大类27小类的基础上,根据土地的性质特征,将其分为5个等级(孙艳敏,2004)。从20世纪70年代中期开始,原中国科学院地理研究所的科研人员在内蒙古呼伦贝尔地区的荒地资源调查中进行了土地潜力分级,这项工作在我国土地潜力评价中具有先导性作用(马依吟,2016)。20世纪80年代以后,随着GIS的更新、发展与进步,数理统计方法开始应用于土地评价中,土地评价的总体水平也因此得到了提高(王子凌,2013)。1986年原农牧渔业部土地管理局以水、热、土等自然条件为评价因素,划分了农用地自然潜力的级别。潜力评价揭示了土地可利用的范围,并主要服务于土地质量管理工作,如耕地占补平衡评价、基本农田保护区划定、土地置换等,对进一步研究区域发展战略、土地承载能力具有重要意义(付国珍,2015)。

6. 土地可持续利用评价

1993年FAO颁布了《可持续土地利用评价纲要》,确定了土地可持续利用的五大原则,即土地生产性、土地安全性或稳定性、水土资源保护性、经济可行性、社会可接受性。不少学者参照该评价纲要,选取相应的指标构建了土地利用可持续评价指标体系。钟毅(2001)、陈百明(2002)、王静等(2003)和严长清等(2006)按照纲要的5项原则来设定准则层,但是细化的指标各有不同。除此之外,也有学者在五大原则的基础上进行了改变,如蔡运龙和李军(2003)对评价指标的性质进行了分析,并进一步分析了现有评价方法的优、缺点,最终提出一套系统综合指标:生产力、稳定性、恢复力、公平性、自立性、协调性,来定量评价土地利用的可持续性。王方远(2017)和刘东红等(2018)从资源环境合理性、经济可行性、社会可接受性3个方面来构建可持续性评级指标体系。

1996 年联合国可持续发展委员会提出“驱动力—状态—响应”(DSR)的可持续发展指标体系，在此基础上，该模型发展为“压力—状态—响应”(PSR)模型。其中，压力指标用以表明那些造成发展不可持续的人类活动和消费模式或经济系统的一些因素；状态指标用以反映可持续发展过程中的各系统的状态；响应指标用以表明人类为促进可持续发展进程所采取的对策(钱海滨，2001)。周炳中(2002)和戴尔阜(2002)在 PSR 模型的基础上构建了土地利用可持续性评价指标体系。

1997 年中国土地学会提出了“耕地保护与可持续发展”的主题，认为耕地资源的可持续发展是社会经济可持续发展的基石。“生态—经济—社会”是学者们普遍使用的评价指标体系。傅伯杰等(1997)提出土地可持续性评价可分为生态评价、经济评价和社会评价 3 部分，除此之外，他们还对不同空间尺度上土地利用可持续性评价的主导因素进行了分析，并在此基础上提出了区域土地可持续利用的评价过程。尹君(2001)从不同时间维、空间维、空间比例尺、数量尺度、不同发展程度国家价值观角度对土地资源可持续性进行分析，讨论了土地资源可持续利用的广义概念，最终也选择了从生态、经济、社会的角度来构建评价指标体系。徐梦洁和彭补拙(2001)、舒帮荣等(2008)也提出了类似的观点。在此基础上，赵小敏和张军(2012)，从资源、环境、经济和社会等 4 个方面选择 11 个评价指标，并且在适宜性评价的基础上，进行了耕地资源可持续评价。

除了上述 3 种主要的构建评价指标体系的思路之外，谢俊奇(1999)提出了可持续性土地利用系统的指标体系，包括目标指标、诊断指标和结果指标。陈百明和张凤荣(2001)认为在土地可持续利用指标与评价的研究中，必须从 3 个方面展开深入讨论：第一是土地利用分区及制定区域性土地可持续利用指标体系；第二是研究制定主要土地利用系统可持续利用指标体系及其阈值；第三是研究制定典型区域(以县域为单位)土地可持续利用指标体系及其阈值。只有把 3 个方面的研究有机地结合起来，我们才能保证可持续利用评价指标体系的科学性、系统性和实用性。

通过梳理我国耕地质量评价体系的发展阶段、内涵演变和部门特点，本研究耕地质量评价体系的构建遵循如下思路：耕地质量评价体系应包含耕地产能和耕地环境两部分，产能评价继承原有体系中的气候、地形、土壤性状等反映耕地地力和耕地固有条件的核心指标，并进一步体现出可通过土地利用和整治工程得以改良的指标，如田块平整度、通达度、灌溉、排水条件等，在测算方法上体现出固有指标的最小障碍因子限制性和耕作条件的可改良性。另外，构建耕地环境评价体系，作为耕地产能评价的必要补充。

2 国外主要土地质量评价系统

2.1 概述

当前，世界各国都根据自己国家的自然资源禀赋条件、农业土地利用特点和需求，建立了一套完整的土地（土壤）质量评价系统，尤其是发达国家最具有代表性（He 等，2009），以下几个典型国家的土地评价体系基本囊括了主要的土地质量评价思路，如表 2-1 所示。

表 2-1 国外典型的土地评价系统

<table>
<tr><th colspan="3">评价系统</th><th>国家（地区）</th></tr>
<tr><td rowspan="5">第1组：耕地产能质量类</td><td>类型 1</td><td>土地评价与立地分析系统
（LESA）</td><td>美国
（Ward，1991；James 和 Robert，1996；Hoobler，2003）</td></tr>
<tr><td rowspan="3">类型 2</td><td>土地制图项目农业用地分类标准
（ALCC）</td><td>南澳大利亚州
（Mckenzie，2013）</td></tr>
<tr><td>土地生产能力分类
（LCC）</td><td>英国
（Bendelow 和 Hartnup，1977）</td></tr>
<tr><td>土地适宜性等级系统
（LSRS）</td><td>加拿大
（AIWG，1995；Pettapiece 等，2006；Gasser 等，2016）</td></tr>
<tr><td>类型 3</td><td>Muencheberg 土壤质量定级系统
（M-SQR）</td><td>德国
（Shepherd，2000；Mueller 等，2014；Abdollahi 等，2015；Hanauer 等，2017）</td></tr>
<tr><td rowspan="2">第2组：耕地环境质量类</td><td colspan="2">欧盟的土壤环境质量监测指标体系
（ENVASSO Project）</td><td>欧盟
（Huber 等，2008；Svarstad 等，2008；Arrouays 等，2009）</td></tr>
<tr><td colspan="2">加拿大的农业环境质量指标体系
（AEIs）</td><td>加拿大（McRae 等，2000；Lefebvre 等，2005；Eilers 等，2010；Clearwater 等，2016）</td></tr>
</table>

首先，就评价目标来看，这些评价系统可以分为2组：第1组为土地（耕地）产能类，主要有美国的土地评价与立地分析系统（James 和 Robert，1996；Hoobler，2003）、南澳大利亚州的土地制图项目农业用地分类标准（Mckenzie，2013）、英国的土地生产能力分类（Bendelow 和 Hartnup，1977）、加拿大的土地适宜性等级系统（Aiwg，1995）和德国的 Muencheberg 土壤质量定级系统（Shepherd，2000；Mueller 等，2014）；第2组为土地（耕地）环境质量类，主要有欧盟的土壤环境质量监测指标体系（Huber 等，2008；Arrouays 等，2009）和加拿大的农业环境质量指标体系（McRae 等，2000）。

其次，就评价方法来看，第1组评价系统可以进一步划分为3类：第1类是美国土地评价和立地评价；第2类是以南澳大利亚州和英国为例的限制性分类系统，土地质量表现为限制性程度和限制因子的结合；第3类是德国 Muencheberg 土壤质量评价系统，其指标体系分为基本指标和威胁指标2部分，基本指标各部分相加得分后，乘以危险指标乘数（若有多项危险指标，一般选择限制性最大的指标），根据2项乘数的得分划分等级。

2.2 耕地产能质量类

2.2.1 美国土地评价与立地分析系统

1. 概况

美国土地评价与立地分析系统（land evaluation and site assessment rating system，LESA）是美国农地评估和保护的重要工具，主要用来对土地与立地系统的结构、功能、障碍及特点进行分析，并考虑土壤质量和其他影响农业实践的因素对耕地进行分级，辅助当地专业人员识别优质耕地，进行耕地保护。1984 年 LESA 标准被写入国家耕地保护政策法令（farmland protection policy act）。

LESA 主要分为2部分：第1部分为土地评价系统（land evaluation），主要基于已有的4个分类系统，即土壤潜力等级、土壤生产力等级、土地潜力分类和基本农田分类对土壤质量进行评价，土壤调查资料是该部分的重要数据源,包括土壤图和土壤描述(土壤质地,深度,排水,结构,颜色,洪涝风险,砾石含量,干旱等属性);第 2 部分为立地评价系统(site assessment),主要针对影响农业生产的非土壤因素进行评定。该系统在土地评价和立地评价的基础上,计算权重分值,划定指标阈值范围,最后评定等级。

2. 具体应用案例

应用 LESA 系统对美国俄勒冈州 Linn 县 2 块农田(Site A 和 Site B)的农业生产开展了土地质量评价研究,立地评价选取的指标,如表 2-2 所示。

表 2-2　美国 LESA 立地评价指标体系

项目	各项指标
SA-1 农业生产力因子(agricultural productivity factor)	评价单元面积 (size of site)
	与相邻地块用途匹配度(compatibility of adjacent uses)
	与周围环境匹配度(compatibility of surrounding uses)
	评价单元形状 (shape of site)
	评价单元内农业用途比例 (percent of site in agricultural use)
	可用于农业生产的比例 (percent of site feasible to farm)
	农田投资水平 (level of on-farm investment)
	农业服务有效性 (availability of agricultural support service)
	评价单元管理 (stewardship of site)
	农业措施的环境限制 (environmental limitations on agricultural practices)
	灌溉水的有效性和可靠性 (availability and reliability of irrigation water)
SA-2 影响评价单元农业生产的发展压力(development pressures impacting a site's continued agricultural use)	土地利用政策指向 (land use policy designation)
	用于城市或乡村发展的周边土地比例 (percent of surrounding land in urban and rural development use)
	到公共污水管距离 (distance to public sewer)
	到公共用水距离 (distance to public water)
	到市区高速公路距离 (distance to urban feeder highway)
	到城市中心或城市增长边界的距离 (distance to urban center or urban growth boundary)
	评价单元临街长度(length of public road frontage of site)
	与被保护耕地的临近度(proximity to protected farmland)

续表 2-2

项目	各项指标
SA-3 有利于维持农业生产的其他公共价值（other public values of a site supporting retention in agriculture）	公共空间策略价值（如城市绿化带）（open space strategic value of site）
	评价单元的教育价值（educational value of site）
	历史建筑（historic building or site）
	重要文化遗产（site of significant artifacts or relics）
	湿地和河岸区域（wetlands and riparian areas）
	景观价值（scenic values）
	野生动物栖息地（wildlife habitat）
	环境敏感区域（environmentally sensitive areas）
	泛洪区保护（floodplains protection）

（1）综合考虑各因子和总分阈值进行土壤潜力分级（SPR），任何单因子和总分都须达到最小分值，否则，降为下一级。

（2）阈值划分标准

① 优等地：SPR 得分＞27，且与周围田块匹配度＞17，且田块大小＞15，且总分＞67。

② 中等地：SPR 土壤潜力得分＞17，且与周围田块匹配度＞6，且田块大小＞3，且总分＞33。

③ 差等地：SPR 土壤潜力得分＜17，且与周围田块匹配度＜6，且田块大小＜3，且总分＜33。

3. LESA 对中国耕地质量指标体系构建的借鉴意义

①该评价系统分为非土壤因素和土壤因素 2 个部分。土壤因素主要基于以往的土壤调查，并根据指示作物（indicator crop）对土壤进行生产力评定，非土壤因素涵盖范围较广。其中，第 1 部分的农业生产力和农田管理指标对我国耕地建设水平相关指标的选取具有借鉴意义。

②该系统应用权重方法对耕地进行打分并分等定级，但其应用前提是非常强调各地因地制宜制定指标体系，包括指标的选择和权重的确定。比如，在进行第 1 部分土地评价中，各州的评价系统着重参考土地潜力等级（land capability classification），而县域或镇域范围则侧重尺度更精细的土壤潜力等级（soil potential ratings）或土壤生产力等级，并非在全国范围任何地域和尺度都采用

相同的指标和权重体系。在划定阈值范围评定土地等级时，非常强调当地专家的作用，提出模糊阈值(fuzzy thresholds)的概念，即用变化范围代替精确的阈值进行等级划分，并由当地专家二次评定模糊范围内样点的土地等级。

2.2.2 加拿大土地适宜性等级系统

1. 概况

加拿大土地适宜性等级系统(land suitability rating system，LSRS)基于作物生产的限制因素，针对特定作物的生产进行土地适宜性评价，主要适用于小麦、大麦和燕麦等春季播种的作物。该评价系统包括气候、土壤及景观3类因素。土地适宜性等级结果表达为类(classes)和亚类(subclasses)的组合，其中，类指土地对特定作物生产的限制性程度，从适宜到不适宜分为7个等级(表2-3)，亚类指主要限制性因素(表2-4)。该评价体系中气候、土壤、景观3类因素都有各自详细的计算方法，每类因素在0～100内赋值，计算出分值后按照表2-3进行适宜性分级。最终的土地适宜性评价结果基于三者中限制性最大的因素而定。

表2-3 加拿大土地适宜性分级表

适宜性等级	指标值	对特定作物的限制程度
1	80～100	无限制到轻微限制
2	60～79	轻微限制
3	45～59	中度限制
4	30～44	严重限制
5	20～29	非常严重
6	10～19	极度严重
7	0～9	不适宜

表2-4 加拿大LSRS限制性因素指标

<table>
<tr><th>类别</th><th>一级指标</th><th>二级指标</th></tr>
<tr><td rowspan="5">气候(c)</td><td>温度(h)</td><td></td></tr>
<tr><td>湿度(a)</td><td></td></tr>
<tr><td rowspan="3">部分修正因子(适用于部分地区)</td><td>春季极度湿度(excess spring moisture)</td></tr>
<tr><td>秋季极度湿度(excess autumn moisture)</td></tr>
<tr><td>秋霜(fall frost)</td></tr>
</table>

续表 2-4

类别	一级指标	二级指标
矿物质土壤（s）(factors for mineral soils)	水分供给能力(water supplying ability)	土壤持水能力/质地(water holding capacity/texture)
		气候与土壤质地相结合进行赋值(link to climate)
		亚表层质地调整（subsurface texture adjustment)
		地下水位调整（water table adjustment)
	表土因子（surface factors)	结构和结持度(structure and consistence)
		有机质含量（organic matter content)
		表土厚度(depth of topsoil)
		pH（reaction)
		盐分（salinity）用电导率（electrical conductivity，EC）表示
		碱性（alkalinity）推荐用于改良后的土壤
		有机表层/泥炭土厚度(organic/peaty surface)
	亚表层因子（subsurface factor)	结构和结持度(structure and consistence)
		不适宜层次[non-conforming（geologic）layer]指亚表层中地质材料和质地发生突变的层次，计算时用距离不适宜地质层的深度表示
		pH（reaction)
		盐分（salinity)
	排水条件（drainage)	碱性（alkalinity）推荐用于改良后的土壤
有机土壤因素(factors for organic soils)有机土壤泥炭土层厚度在40cm以上，有机土壤具有容重低，保水能力高等特点，因此在矿物质土壤等级评价的基础上进行调整	土壤温度(z)(soil temperature)	
	水分供应能力(m)(water supplying ability)	
	表土因子(surface factors)	结构和结持度(structure and consistence)
		pH 和养分状况(reaction and nutrient status)
		盐分(salinity)

续表 2-4

类别	一级指标	二级指标
	亚表层因子（subsurface factors）	结构和结持度(structure and consistence)
		土壤沉积物深度和基质类型(depth of deposit and kind of substrate)
		pH 和养分状况(reaction and nutrient status)
		盐分（salinity）
	排水（drainage）	
景观因素(landscape factors)	基本地形等级(basic landform rating)	
	景观修正因素(modifying factors)	表层石块(stoniness)
		碎木块含量（wood content）
		景观格局（landscape pattern)包括由于耕作土壤差别较大导致的播种时间、收割、除草和施肥限制(contrasting arable soils)，以及非耕作障碍如溪流，岩石，电线杆等
		洪涝(flooding)

2.具体应用案例(Near Shulenacadie，Nova Scotia，Canada)

该案例中的土壤样点位于加拿大 Nova Scotia 地区 Shulenacadie 附近，评价过程分为 2 个部分：①土壤和景观因素描述；②土地适宜性打分及分级。

(1)土壤和景观因素描述(位置、名称、日期)

①土壤：土壤类型，微红色土壤 30～50 cm 处有硬土层；对不同土层的土壤特性进行了基本描述和实验室指标分析(图 2-1)。

②景观：坡度和坡长，表面岩石大小和数量，障碍物的种类和数量，洪涝持续时间和频率。

③排水状况和地下水深度。

Profile description: (Queens soil)

horizon	depth	texture*	structure	consistence	color	
1. Ap	0~20	L	moderate granular	friable	gray brown	10YR 5/2
2. Bf	20~35	L	granular	friable	brown	7.5YR 5/4
3. Btg	35~60	L	blocky	very firm	reddish brown	5YR 4/4
4. C	60+	L	massive	extremely firm	reddish brown	5YR 3/4

* for organic soils use % rubbed fibre and % wood.

Depth to limiting horizon = 35 cm

Laboratory analysis:

horizon	pH	O.C.	$CaCO_3$ /E.C.	bulk density	>2 mm	S	Si	C	H.C./ (cm/hr)
1. Ap	5.9	2.9		1.4	5	42	38	20	5.6
2. Bf	5.3	1.6		1.5	5	41	36	23	
3. Btg	5.5	–		1.7	10	41	33	26	0.4
4. C	6.9	–		1.8	10	42	35	23	0.06

Drainage: (general) Imperfect, wet in spring and after heavy rains.

- depth to water table: perched (assume 75 cm)

图 2-1 加拿大 LSRS 土壤指标的基本描述和分析

(2)土地适宜性打分及分级

该案例中计算得到土壤、景观和气候因子得分分别为 31 分、65 分和 83 分，适宜性分类结果：土壤为第 4 类(其主要限制因素为排水 w 和下层土壤结构和结持度 d)，景观为第 2 类(其主要限制因素为地形 t)，气候为第 1 类，最终分类结果为第 4 类，限制因素主要是下层土渗透性差导致排水差，不适宜耕种，主要限制因素为排水(w)、土壤结构和结持度(d)和坡度(t)(表 2-5 至表 2-7)。

表 2-5 土壤因子计算表

基础分值		100
扣除值	湿度因子	0
	表土因子	3
	亚表土因子	41
	排水因子	25
最终土壤分值		31

表 2-6　景观因子计算表

基础分值		100
扣除值	坡度	28
	岩石、砾石、木块等	7
	其他模式(如洪涝等)	0
最终景观得分		65

表 2-7　气候因子计算表

基础分值		100
扣除值	湿度	0
	温度	10
	修正因子(春季湿度、秋季湿度和结霜)	7
最终景观得分		83

3. 加拿大土地适宜性等级体系对中国耕地质量指标体系建立的借鉴意义

该评价体系中气候、土壤、景观每部分都有各自完整的分值计算体系，最终限制性最大的因素决定其适宜性等级。该体系中因子分值的计算充分考虑了因子间的关系，如在计算土壤持水能力时，需根据气候、亚表层土壤质地和地下水位对指标值进行调整，也考虑到因子间的相关性，比如，pH、盐分或碱性 3 个相关性较高的因子，规定在计算土壤分值时只选取三者中限制性最高的一项。我国在制定耕地评价指标体系时，也应考虑到因素间的关系和相关性。

该体系规定了适用作物的范围，方法体系完整清晰，依据最大限制因子进行适宜性分类，并规定前 3 类土地适宜耕种，避免了加权求和等分值评价方法中各因素分值综合后的均质化现象以及由此导致的目的性和针对性不强、实用性差的情况。我国在构建耕地质量评价体系时，也要考虑到区域作物的差异性，制定出国家层面的指导性评价体系后，各区域可根据区域范围内的主要大类作物进行差别化的指标选取；另外，也可将分值计算与最小限制因子法相结合进行评价，比如，某样点总分较高，但某因子的限制性非常大，也可能导致其耕地质量等级较低。

2.2.3 德国 Muencheberg 土壤质量定级系统

德国 Muencheberg 土壤质量定级系统(muencheberg soil quality rating, SQR)对用于农业或牧业的土壤质量进行分等定级(本报告只列出针对农业生产的评分标准),适用范围主要是温带地区的雨养农业和谷物轮作,不适宜稻作生产以及一年多熟的农业系统,评价结果反映了长期的土壤质量,可用于对作物生产进行估值。该指标体系主要包括基本指标(表 2-8)和威胁指标(表 2-9)2 部分,基本指标得分的取值范围为 0～34 分,通常分值小于 20 为质量较差的土壤,大于 27 为质量较好的土壤。

表 2-8　德国 Muencheberg 土壤质量定级系统基本指标

指标	指标描述
土壤基质(soil substrate)	上层 80 cm 或 50 cm 内的土壤质地类型(soil texture class over the upper 80 cm or 50 cm)
	土壤母质(parent material of soil)
	上层 80 cm 内的土壤层次(strong gradients of texture within the upper 80 cm/layering)
	上层 80 cm 或 50 cm 内颗粒物大于 2 mm 的含量(content of coarse material>2 mm over the upper 80 cm or 50 cm)
	表层或上层 20 cm 内土壤有机质[som of topsoil(upper 20 cm)]
	碳酸盐、硫酸钙、其他固结物或人工制品比例(proportion of carbonate、gypsum、other concretions or artifacts)
表层厚度(A 腐殖质堆积层)(a-horizon depth)	表层土厚度(a-horizon depth)
	土壤有机质大于 4%的厚度(depth of som content>4%)
	土体上下层的变异程度(abrupt change from topsoil to subsoil)
表层土结构(topsoil structure)	团聚体种类和大小(type and size of aggregates)
下层土壤压实(subsoil compaction)	30～50 cm 范围内增加的土壤强度和密度(increased soil strength or density at 30～50 cm depth)
	表层土壤和下层土上部的氧化还原特征①(redoxomorphic feature in the topsoil and upper subsoil)

① 氧化还原特征:Fe 和 Me 的氧化物减少、移动或积累等导致土壤颜色变化,形成土壤斑纹。

续表 2-8

指标	指标描述
扎根深度 (rooting depth)	根系发生率 (occurrence of roots)
	扎根障碍度及其密度(barriers to rooting and their intensity)
	有效扎根深度(effective rooting depth)
100 cm 厚度土壤可供作物利用的潜在水量 (profile available water)	地下水位埋深 (depth of water table)
	土壤蓄水能力 (water storage capacity of soil)
湿度和渍水 (wetness and ponding)	地下水或滞水面 (depth of ground or perched water table)
	土壤排水级别 (soil drainage class)
	下层土壤中的氧化还原特征 (degree of redoxomorphic features in the soil)
	植被的指示值 (indicator values of vegetation)
	土壤位于低洼地 (soil position in a depression)
	悬浮水湿度(wetness by suspended water)
	土壤评价期间的积水情况 (ponding during soil assessment)
坡度和地形 (slope and relief)	土壤样点所在位置坡度(slope at the pedon position)
	微地形和坡向 (microrelief and slope aspect at the pedon position)

表 2-9　德国 Muencheberg 土壤质量定级系统威胁指标

指标	直接参数—土壤	间接参数—气候、植被等
污染 (contamination)	每种污染物有其相对应的国际标准阈值 (specific for each pollutant acc. to international thresholds)	高风险区域:城市、垃圾污染土壤、冲积平原(high risk areas: cities, water affected soils, floodplains)
盐化 (salinization)	表层土壤 EC (electrical conductivity)>2 mS/cm EC>2 mS/cm in topsoil)	土壤白色表层、盐生植物发生率等(white crusts on soil surface、occurrence of halophytes, s-number Acc. to ellenberg of 9)
碱化 (alkalization)	交换性钠百分率(exchangeable sodium percentage, ESP)>15% (SAR >13),表层土 pH>8.2 ESP>15% (SAR>13), pH>8.2 in topsoil	高 pH 指示性植物(high pH indicating plants, r-number acc. to ellenberg of 9)

续表 2-9

指标	直接参数—土壤	间接参数—气候、植被等
酸化 (acidification)	表层土 pH＜5.2 (pH＜5.2 in topsoil)	低 pH 指示性植物(low pH indicating plants, r-number acc. to ellenberg of 3 or lower)
总养分含量较低 (low total nutrient status)	养分不足，一年内不能通过施肥补足(clear deficit of nutrients, cannot be compensated by fertilisation within one year)	
岩石层以上土层厚度(soil depth above hard rock)	岩石层或永冻层＜120 cm (hardrock or permafrost＜120 cm)	
干旱 (drought)	主要植被期水量收支小于 500 mm，水分条件为半干旱或干旱 (water budget in the main vegetation period ＜ 500mm, ustic, xeric or aridic soil water regime)	主要植被期间 4 个月气候水分平衡量＜－100 mm，一个干旱月份出现的可能性大于 10%，灌溉对谷物种植有作用 (climatic water balance in the main vegetation period of 4 months＜－100 mm, probability of the occurrence of a dry month＞10%, aridity index Add. to de martonne＜30, benefit of irrigation for cereals)
洪涝和渍水 (flooding and extreme waterlogging)	洪涝灾害发生率大于 5%，饱水缺氧的水文条件 (flooding probability＞5%, aquic or peraquic soil water regime)	耕作延迟 20 d 以上，排水对耕作有明显作用 (delay of beginning of farming on cropping land＞20 d)
陡坡 (steep slope)	土地坡度大于 12% (arable land gradient＞12%)	
表层岩石 (rock at the surface)	耕地地表岩石含量＞0.01% (arable land＞0.01% rock outcrop)	
粗颗粒物含量较高 (high percentage of coarse soil texture fragment)	表土层粗颗粒物(＞2 mm)含量＞15% [arable land＞15% by mass of coarse fragments (＞2mm) in topsoil]	
不适宜的土壤热状况 (unsuitable soil thermal regime)	寒冷、低温或永冻土壤热状况 (frigid、cryic or pergelic soil thermal regime)	冻土地带，无霜期小于 140 d (tundra regions duration of the frost-free period＜140 d)

威胁因子表示土壤的危险属性，可以在很大程度上限制土壤质量，比如，土壤过浅或严重污染的情况下，不能种植任何作物，某些基本指标在取极端值的情况下可能成为威胁因子。每个威胁指标分为5个等级，每个等级对应一个乘数（表2-10）。一般情况下取威胁指标中的最小乘数与基本指标分数相乘，得到最终分数（表2-11）（若有多个威胁因子，则有相应的乘子选择标准）。因此，威胁指标乘数对于最终得分值具有决定性的影响。

表2-10　德国 Muencheberg 土壤质量定级系统威胁指标等级

分数	风险特征	乘数
2.0	无	3
1.5	低	2～3
1.0	中等	1～2
0.5	高	0.5～1
0.0	非常高	<0.5

表2-11　德国 Muencheberg 土壤质量定级系统最终等级分数

土壤质量等级分数	土壤质量评价
<20	非常差
20～40	差
40～60	中等
60～80	好
>80	非常好

1.具体应用案例：Seelow Silty Clay，Germany

该应用案例中的样点取自德国 Oderbruch 地区的 Seelow 粉质黏土，评价过程主要分为4个步骤。

①填写土壤基本信息：位置、经纬度、土壤名称、土地利用（作物类型和熟制）、地貌地形、日期和操作员。

②基本指标数据记录及赋分（表2-12）。

③植被和气候信息记录（表2-13）。

④威胁因子乘数及最终得分评级（表2-14）。

最终等级分数（SQR分数）＝23×2.94＝68。

根据土壤质量评价分级标准：<20 非常差；20～40 差；40～60 中等；60～80 较优；>80 优，评价结果为：耕地水平较优，由于暂时性潮湿和较高的黏土含量，存在潜在限制（与机械等农事交通对土壤结构的轻微破坏有关），存在轻微干旱风险，可以通过地下毛细水供应得到补充。

表 2-12　案例区基本指标分数

	基本指标	分数	权重	总分	备注
1	土壤基质（soil substrate）	1.5	3	4.5	黏土
2	表土层深度（a horizon depth）	1.5	1	1.5	20 cm
3	表土层结构（topsoil structure）	1	1	1	不利的团聚体特征 20 cm
4	下层土壤压实（subsoil compaction）	1.5	1	1.5	基本没有压实迹象
5	扎根深度（rooting depth）	1	3	3	0.6～1.1 m，限于地下水深度
6	100 cm 厚度土壤可供作物利用的潜在水量（profile available water）	2	3	6	>220 mm
7	湿度和渍水（wetness and ponding）	0.5	3	1.5	适中的渍水和静止地下水深度
8	坡度（slope and relief）	2	2	4	平坦的，无限制
	总计			23	中等分数，上限为 34

表 2-13　植被和气候信息记录

项目	具体信息
最后一次/第一次霜冻	3 月 13 日/10 月 10 日
植物生长期（vegetation period）开始时间（$T>5℃$）	3 月 25 日
成长期（growing period）天数（$T>5℃/T>10℃$）	250 d/190 d
积温（$T>5℃/T>10℃$）	3 500℃/3 000℃
土壤冰冻厚度	40 cm
冬季雪天	10%～20%

表 2-14　威胁因子乘数及最终得分评级

	危险因子	分数	乘数
1	污染	2	3
2	盐化	2	3
3	碱化	2	3

续表 2-14

	危险因子	分数	乘数
4	酸化	2	3
5	总养分含量较低	2	3
6	岩石层以上土壤厚度	2	3
7	干旱	2	3
8	洪涝和渍水	2	3
9	陡坡	2	3
10	表层岩石	2	3
11	粗颗粒物含量较高	2	3
12	不适宜的土壤热状况	2	3
13	其他威胁因素	2	3
	最小乘数		3(2.94)

2. 德国 Muencheberg 土壤质量定级系统对中国耕地质量指标体系建立的借鉴意义

①该指标体系评分定级的思路适用范围较广，对以土壤为核心且侧重于农业生产的耕地评价指标选取具有一定的借鉴作用。另外，该指标体系在土壤评价中考虑了土壤所在位置的地形和水文状况，也对气候状况做了记录。

②该土壤评价指标体系主要分为基本指标和威胁指标 2 个部分，2 类指标得分相乘得到最终分数，并评定等级。威胁因子如果限制性非常严重，其对应乘数值也会非常小(如小于 0.05)，可对最终分数起到决定性作用。这在应用中是合理的，若土壤的某项属性状态严重不达标，会对农业生产起到决定性的限制作用。该方法同最小限制因子法一样，避免了各指标加权后分数均质化的现象，既能通过基本指标得分反映土壤的基础质量，又能通过威胁指标乘数体现限制因子的决定性影响。

2.2.4 南澳大利亚州土地制图项目农业用地分类标准

1. 概况

南澳大利亚州土地制图项目中的农业用地分类标准(assessing agriculrural land—agricultural land classification standards in South Australia's land resources mapping program)根据土壤和景观特征设定土地分类标准，用于南澳大利亚州土壤景观制图，其土地评价体系对我国耕地评价体系的构建具有一定的参考意义(表 2-15)。

表 2-15　南澳大利亚州农业用地分类标准指标体系表

分类	属性
土壤湿度 (soil moisture)	对水浸的敏感性 (susceptibility to waterlogging)
	地下水位埋深 (depth to water table)
	有效持水能力 (available water holding capacity)
土壤结构 (soil structure)	表层土壤条件(surface soil condition)
	下层土体结构 (subsoil structure)
	坚硬岩石埋深(depth to hard rock)
	硬土层深度(depth to hardpan)
土壤化学 (soil chemistry)	潜在肥力 (inherent fertility)
	硼毒性 (boron toxicity)
	钠毒性 (sodium toxicity)
	铝毒性 (aluminium toxicity)
	酸敏感性 (susceptibility to acidity)
	碱性 (alkalinity)
	酸性硫酸盐潜力 (acid sulfate potential)
	土壤表层碳酸盐 (surface carbonate)
	下表层碳酸盐 (subsoil carbonate)
盐分 (salinity)	盐分(地下水导致)(salinity)
	干旱盐地 (dry saline land)
侵蚀 (erosion)	低降水量环境中表层土壤被侵蚀所导致的下表层土壤裸露不适宜耕种 (scalding)
	水侵蚀 (water erosion potential)
	风侵蚀 (wind erosion potential)
	沟壑冲蚀(gully erosion)
	块体移动(滑坡)[mass movement (landslip)]

续表 2-15

分类	属性
土地表面 (land surface)	表面坚硬性 (surface rockiness)
	暴露(于风或阳光)(exposure)
	洪涝敏感性 (susceptibility to flooding)
灌溉(潜在根区深度) (irrigation)	A 类作物(柑橘类、鳄梨等)
	B 类作物(核果类、杏仁等)
	C 类作物(葡萄、橄榄等)
	D 类作物(块根作物)
	E 类作物(地上一年生作物)
灌溉 (irrigation)	深层渗漏 (deep drainage)

该指标体系中的每个土壤属性都有其对应的评价标准,针对不同土壤依据其限制类型(e)和所需实施管理措施的强度进行分类,按照无限制、轻微限制、中等限制等分为 8 个等级,并用字母代表限制性因素的类型(表 2-16)。

表 2-16 南澳大利亚州农业用地分类等级

等级	限制程度
1	无明显限制,可永久性用于所有类别的农业生产
2	轻微限制,在合理规划和改良的基础上可永久性用于大部分农业生产
3	中等限制,需要实施强度较大的管理措施
4	限制性较高,产量较低,种植一年生作物要求实施较高水平的管理措施
5	限制性很高,产量潜力很低,对管理措施有非常高的要求
6	不可耕地,陡坡,岩石较多,主要用于放牧
7	限制性极高,侧重于种植多年生植物进行保护而非生产
8	无生产潜力的土地,也不需要任何保护措施。如裸露的岩石,盐田等

2. 具体应用案例

具有片状和细沟侵蚀风险的坡地(限制性因素属性 e),通过实施合理的表层土壤管理措施、控制水土流失可以进行耕种。这类土地按照其限制类型(e)和所需实施管理措施的强度被评为 3-e 类土地(图 2-3)。

图 2-3 南澳大利亚州 3-e 类农业用地(见彩插)

(Government of South Australia，2002)

岩石较多的土地(限制性因素属性 r)用标准机械无法耕种，只限于粗放放牧，野生动物栖息等，该类土地评为 6-r 类(图 2-4)。

图 2-4 南澳大利亚州 6-r 类农业用地(见彩插)

(Government of South Australia，2002)

3. 南澳大利亚州土地制图项目的农业用地分类标准对中国耕地质量指标体系建立的借鉴意义

该评价系统指标体系清晰完整，从评价结果的表达中可以清晰地识别出土壤的主要限制因子和限制程度。另外，类别划分也考虑了所需实施改良措施的强度，有利于评价后土地利用管理或土地整治的需要。

2.2.5 英国土地生产能力分类

1. 英国土地生产能力分类系统

与南澳大利亚州农用地分类系统相似，英国土地产能分类系统（British Land Capability Classification）主要是依据限制性程度把土地产能分为7个等级（表2-17）。其中，亚级主要根据限制性因子进行划分类别，最终评价结果表现为代表限制因素的字母与代表限制级别的数字组合（表2-18）。

表2-17 英国土地产能分类系统类别表

类别	描述	适宜用途	指标说明
1	没有物理限制或物理限制比较小的土地	适宜于任何用途，尤其是农业生产	土壤排水性良好 土层厚度大于75 cm的壤土 沙壤土或粉质壤土 水分保持良好 根部通水性良好 养分供应良好，施肥反应良好 土地平坦或倾斜度较小（通常小于3°） 气候条件良好 海拔小于150 m
2	限制较小的土地，作物种类受到限制	适宜于任何用途，尤其是农业生产	限制包括以下一种或几种： ①排水有一定缺陷（湿度w） ②扎根深度比理想状况较浅（同时大于50 cm），土壤结构和质地稍差（土壤限制s） ③坡度缓和（小于7°）（倾斜度g） ④轻微侵蚀（侵蚀e） ⑤气候条件稍差（通常海拔小于230 m）（气候限制c）
3	中等限制的土地，作物选择受到限制，需要精心管理	农业/牧业	限制包括以下一种或几种： ①排水条件较差（w） ②扎根深度较浅（小于25 cm），土壤结构和质地较差(s) ③坡度倾斜较大（大于11°）(g) ④轻微侵蚀（e） ⑤气候条件较差（年降水量大于1 000 mm，海拔高度低于380 m）(c)

续表 2-17

类别	描述	适宜用途	指标说明
4	限制较为严重的土地，作物选择受到限制，需要非常精心的管理	农业/牧业	限制包括以下一种或几种： ①排水条件很差，难以补救，偶尔有洪涝（w） ②土壤较浅，碎石较多，但可以耕作（s） ③坡度较陡（同时小于 15°）（g） ④轻微侵蚀，裸露地区的松散或沙质土壤（e） ⑤气候条件差（降水量大于 1 270 mm，海拔低于 460 m）（c）
5	限制严重的土地，只能用于放牧，森林和休憩	牧业/森林	限制包括以下一种或几种： ①排水差或非常差，洪涝频繁（w） ②土壤很浅，碎石多，难以耕作（s） ③坡度陡（小于 25°，通常小于 20°） ④侵蚀风险较大（e） ⑤气候条件很差（通常海拔低于 530 m）（c）
6	限制非常严重，只能用于粗放牧业，森林和休憩	粗放牧业/森林/休憩	限制包括以下一种或几种： ①排水非常差，洪涝灾害频繁（w） ②土壤薄，石块很多，巨石散布（s） ③坡度非常陡（大于 20°）（g） ④严重侵蚀（e） ⑤气候条件恶劣（c）（通常海拔低于 610 m）（c）
7	限制极其严重，无法修复	休憩	限制包括以下一种或几种： ①排水非常差，沼泽土壤（w） ②土壤中的石块和大型石块非常多，裸露岩石、碎石坡或海滩沙地和砾石、未处理的垃圾（s） ③坡度非常陡（一般大于 25°）（g） ④严重侵蚀（e） ⑤气候条件恶劣（海拔大于 610 m）（c）

表 2-18 英国土地产能分类系统限制性指标表

亚类	限制因子性状说明
湿度（w）	土壤性质、地形起伏和气候之间的相互作用导致土壤潮湿，以至于产生春季生长迟缓、农机压实和泥化、根部发育不良、窒息、反硝化作用等
土壤限制（s）	土层薄，石块含量高，土壤结构和质地差，土壤潜在肥力低等
倾斜度和土壤模式（g）	土壤模式指复杂的小区域内产能较差的土壤会影响到产能较好的土壤（如土体上、下变异情况）
侵蚀（e）	风侵蚀和水侵蚀
气候限制（c）	侧重于水量平衡和温度

2.英国土地生产能力分类体系对中国耕地质量指标体系建立的借鉴意义

英国土地生产能力分类体系的构建采用了典型的适宜性评价思路，与南澳大利亚州类似，其评价结果的表达由土地限制因子和限制程度两部分构成，同时考虑到需要采取的管理和修复措施，其最小限制因子法，结果表达方式以及统筹考虑评价与后期管理的思路都值得我国借鉴。

2.2.6 小结

上述综述总结了国际上侧重于农业产能的土地(或土壤)评价体系(表2-19)，可分为3类。第1类是以南澳大利亚州和英国为例的限制性分类系统，土地质量表现为限制性程度和限制因子的结合。加拿大土地适宜性等级系统(land suitability rating system, LSRS)也与此类似，对土壤、气候和景观3部分分别打分评级后选取限制性最大的一项作为综合评级结果。第2类是德国Muencheberg土壤质量评价系统，其指标体系分为基本指标和威胁指标。基本指标单项得分相加得到总分数，乘以危险指标乘数(若有多项危险指标，一般选择限制性最大的指标)，得到最终分数并划分等级。因此，该评价系统既体现了土壤的基本质量，又考虑到威胁因子对土壤质量的影响，若威胁因子限制性过大其乘数值会非常低，对最终得分有决定性影响。第3类是美国土地评价和立地评估等级系统(land evaluation and site assessment rating system, LESA)，该系统虽然应用权重打分的方法进行耕地分等定级，但其非常强调各地因地制宜选取指标和确定权重。该评价体系中非土壤部分的城市发展压力指标可用于评价城市发展对农地非农化的压力，有助于识别优质耕地，进行耕地保护区划定，对处于城镇化转型期的发展中国家具有一定的借鉴意义。

表2-19 国外土地/土壤质量评价指标通用性

通用指标	一般指标	不常见指标
土壤保水能力	污染(用于威胁因子或限制因子)	评价单元面积
地下水位	温度、湿度等气候因子	与相邻地块匹配度
表土厚度	洪涝	与周围环境匹配度

续表 2-19

通用指标	一般指标	不常见指标
土壤有机质	干旱	评价单元形状
盐分	水侵蚀、风侵蚀等侵蚀因子	农业服务及管理
pH	灌溉	城市发展压力指标
表层石块		文化,历史,景观价值
团聚体种类和大小		农田投资水平
扎根深度		
土壤质地		
水渍		
碳酸盐		
土壤养分		
坡度和地形		
排水		

综合来看,这三类土地质量评价体系都自成系统:第 1 类,侧重于耕地的限制性评价,相对简单、实用;第 2 类,兼顾了土壤的基本特性和威胁因子的限制性,其中,第 1 部分是基本指标部分主要由土壤物质和土壤结构相关的基础因子构成,第 2 部分是对农业生产具有较大限制性的威胁因子;第 3 类,用权重打分法对土地进行分等定级,但需要因地制宜选取指标和确定权重。

根据以上国家经验,中国在耕地质量产能评价中,应重点选用耕地的基础性指标,体现其对农业生产的基础作用和决定性影响,并考虑耕地的改良建设条件;而在耕地环境质量评价中,应侧重选择易受人类土地利用行为影响的威胁因子作为评价指标。

2.3 耕地环境质量类

2.3.1 欧盟土壤环境质量监测指标体系

1. 概况

2006—2008 年,在欧洲土壤监测系统的基础上,欧盟开展了土壤环境评价监测计划(the environmental assessment of soil for monitoring project, ENVASSO Project),旨在根据当前影响欧洲土壤质量的 9 大类土壤威胁,确定指标并制定监测标准,评价包括欧盟 25 个成员国在内的 37 个合作国的土壤环境健康状况。该体系采用"驱动力—压力—状态—影响—响应"框架,遵循"土壤威胁(soil threat)—关键议题(key issue)—关键问题(key question)—候选指标集(candidate indicators)—前 3 个优先指标/最小指标集(top 3 indicators/the minimum set)"的程序,构建监测指标体系。并按照文献调研、选取关键议题和指标、确定指标基准值和阈值、制定数据和使用标准 4 个步骤编制工作报告。具体的指标选取过程主要分为以下 3 步。

(1)关键议题分析　每个土壤威胁因子列出不超过 5 个议题,并论证选择该议题的原因。

(2)确定候选指标　围绕每个关键议题提出若干相关问题,每个问题选取一个对应指标,由此确定每类威胁的候选指标集合。指标选择标准依据其优先度排序依次为相关性/重要性(significance)、分析完备性(analytical soundness)、可测度性(measurability) 和政策相关性(policy relevance) 、地理覆盖度(geographical coverage)、是否存在基准值和阈值(availability of baseline and threshold data)、可理解性(comprehensibility)。在报告文件中应阐述每一项候选指标的具体描述、相关变量的测量程序与方法、基准值、阈值、计算方法、具体的应用条件,以及覆盖范围。被选用的指标应当能够表征土壤威胁因子的变化状况,以便于进行风险评价,并提出相应的风险管理措施。

(3)选取最小指标集　依据重要性、应用性(阈值容易确定)、与政策目标的相关性和在全欧洲范围内的适用性四项原则,针对每类威胁选取最重要的 3 个指标,构建最小指标集(表 2-20)。

表 2-20　欧盟土壤环境评价监测指标体系

土壤威胁	关键议题	关键问题	候选指标
土壤侵蚀	水蚀	欧洲水蚀现状	因细沟侵蚀、沟间侵蚀、片状侵蚀引起的土壤损失估计量
	风蚀	欧洲风蚀现状	因风蚀引起的土壤损失估计量
	耕作侵蚀	因耕作活动、土地平整、块根农作物收获造成的土壤损失	因耕作侵蚀引起的土壤损失估计量

续表 2-20

土壤威胁	关键议题	关键问题	候选指标
土壤有机质减少	土壤有机质状况	欧洲土壤表层有机质含量	表土有机碳含量（测量值）
		欧洲土壤中有机碳储量	土壤有机碳储量（测量值）
		欧洲泥炭储量	泥炭（计算或建模计算）
土壤污染	无机污染物引起的扩散污染	哪些地区重金属含量超过国家阈值	土壤中的重金属含量
	土壤酸化物质引起的扩散污染	保护环境免受酸化的力度	超出硫和氮临界浓度的程度
	局部土壤污染	污染场地管理进展	污染场地的管理进展
土壤封闭	土壤封闭	居民点和交通基础设施建设占用的土地中，土壤封闭的实际面积和增长率	封闭的土地面积
	土地消费	近 3～5 年用于生物生产的半自然和自然土地转变为城市或其他人工土地覆被的面积	城市或基础设施建设占用的土地
	棕地再开发	为减少未开发土地的消费，废弃的已开发用地（含棕地）被重新用作定居点的比例	在已开发土地上建设新居民点的面积
土壤压实	压实和结构退化	欧洲土壤压实和结构退化的状态	密度（容积密度、堆积密度、总孔隙度）
		欧洲土壤压实和结构退化的状态	特定土壤水吸力下的通气孔隙容积
	土壤压实的产生原因	引发土壤持续性压实的原因和情形	土壤遭受压实的风险等级（估算）

续表 2-20

土壤威胁	关键议题	关键问题	候选指标
土壤生物多样性下降	物种多样性	欧洲大型土壤动物的多样性现状	蚯蚓(无蚯蚓,以其他蚓类代替)的多样性、生物量(以鲜重表示)
		欧洲中型土壤动物的多样性现状	弹尾目生物多样性
	生物功能	土壤的生物功能状况	土壤微生物呼吸(细菌和真菌的活性)
土壤盐渍化	土壤盐渍化	盐渍土剖面中水溶性盐的垂直分布情况	土壤剖面各层的盐分分布
	钠质化作用	土壤剖面的 pH 和可交换钠含量:钠富集层的深度	可交换钠的百分比
	潜在土壤盐渍化/钠质化	土壤表层积盐的主要来源	潜在盐分来源(地下水或灌溉水的含盐量),土壤盐渍化/钠质化的发生概率
滑坡	滑坡活动	欧洲土(岩)体滑坡的状况	滑坡位置、受滑坡影响的土地总面积占区域土地面积的比重
		滑坡活动中变位体的状况	变位体的体积或质量
	滑坡发生可能性	斜坡性质影响滑坡发生的可能性	滑坡灾害评估
荒漠化	荒漠化	欧洲荒漠化的范围	可能发生荒漠化土地的面积
		欧洲森林大火造成土壤流失的现状	被森林大火烧毁的土地(林地及其他非农业用地)的面积
		欧洲土壤荒漠化造成土壤有机质减少的现状	荒漠化土壤中有机碳含量

确定每类土壤威胁的监测指标后,结合气候、景观、土壤类型及其空间变化等自然和土地利用数据,依据专家经验或采用模型推导,得到各指标的基准值和阈值,将实际测定的指标值与阈值范围对照,得到土壤环境威胁因子

的状态及其动态变化情况。

2.欧盟土壤环境监测案例

以土壤有机质减少为例，ENVASSO Project 在芬兰、爱尔兰、西班牙和匈牙利-斯洛文尼亚选择了 8 个试点区域，结合国家土壤库存、土壤监测数据、国家泥炭库存和试点测量值，确定表层土壤有机碳含量、表层土壤碳储量、泥炭储量 3 个候选指标的基准值和阈值；而后将指标值与阈值等级比照，确定了所有候选指标的风险等级范围，并采用 GIS 对其风险状态进行空间化表达。其中，表层土壤有机质含量是特定取样深度下的土壤有机碳含量，根据采样深度、测量的表土容积密度和采样直径求算；表层土壤有机碳是巨大的碳库，是大气 CO_2 的源和汇，表土中有机碳储量需要测定土壤中细颗粒（粒径＜2 mm）的有机碳含量、粗颗粒含量和土壤容积密度；泥炭土是重要的大气 CO_2 潜在的源和汇，主要分布在欧洲北部高纬度地区，其储量通过泥炭地面积、取样深度和容积密度建模计算，如表 2-21 所示。

表 2-21 “土壤有机质减少”威胁下的候选指标情况

指标	数据来源	数据描述	测量值	基准值	计算方法
表层土壤有机质含量	国家土壤库存，土壤监测数据	点位数据，表土有机碳含量	表层土壤特定深度的土壤有机碳含量	基准值可以结合土地利用、气候和土壤类型，根据土壤有机碳含量与黏土含量的关系计算	结合土地利用和土壤类型，计算土壤有机碳含量的统计分布，并计算其平均变化率
表层土壤碳储量	国家土壤库存，土壤监测数据	点位数据，土壤有机碳含量，土壤容积密度	≥50 cm 取样深度的碳储量测量值	基准值由给定日期的碳储量估算	结合土地利用和土壤类型，计算特定区域土壤有机碳含量的统计分布，计算其净变化
泥炭储量	国家土壤库存，土壤监测数据，国家泥炭库存	点位数据，空间图，泥炭储量估计值	泥炭深度，特定泥炭区的容积密度	基准值由给定日期的泥炭库存估计	通过空间分析，获取泥炭地面积、深度，采样得到泥炭容积密度，建模计算泥炭储量

3.欧盟对中国耕地质量指标体系建立的借鉴

欧盟土壤环境监测评价系统从土壤威胁出发,按照通过“关键议题—关键问题—候选指标”的层级顺序选取监测指标,综合评价土壤威胁状况。欧盟在整个欧洲范围内选择了28个试点区域,检测指标的适用情况,探索指标选取和阈值推导的先进方法,并采用记事表详细记录了各试点的检测指标构建和实施情况。

我国的耕地质量评价中尚未形成系统的土壤环境评价成果,以下两点应受到重视。

(1)依据目标和问题导向构建指标体系　任何土地质量评价都具有特定目标。欧盟土壤环境质量监测评价体系遵循“土壤威胁—关键议题—关键问题—候选指标集—最小指标集”的层级顺序构建指标体系。这是一种目标和问题导向的指标体系构建方法,一方面土壤环境信息得以分解到每一个指标,每个指标代表了特定土壤威胁中的特定问题;另一方面避免了指标重叠,可构建出较为精简的指标体系。我国耕地质量指标体系的构建也需要明确目标和解决问题,侧重于耕地生产力、农业环境、核算耕地资源禀赋、耕地利用与保护监测;根据目标和问题选取指标。

(2)规范指标筛选标准　该体系的指标选取程序和标准非常规范,规定了指标筛选标准的优先顺序,将指标相关性、分析完备性列为高优先标准,可测度性、政策相关性列为中等优先标准,基准值和阈值数据的可用性、可理解性列为低优先标准。另外,明确了各项指标的重要性程度,区分了候选指标和优选指标。科学的指标筛选标准框定了统一的综合指标体系框架,也便于各成员方或地区依据自身需要构建指标体系。

2.3.2　加拿大农业环境质量指标体系

1993年,加拿大农业及农业食品部(AAFC)开始制定农业环境指标体系(AEIs),用于评价农业及农产品生产的环境绩效(environment performance)。2000年,出台了农业环境指标系列报告1(Agri-Environmental Indicators Report ＃1,1981—1996)(McRae等,2000),评定1981—1996年的农业环境可持续性;此后,不断对指标和计算方法进行更新,陆续编制了

1981—2001 年的系列报告 2(Lefebvre 等,2005),1981—2006 年的系列报告 3(Eilers 等,2010)和 1981—2011 年的系列报告 4(Clearwater 等,2016)。

AEIs 依据“驱动力—输出—响应”框架(driving force—outcome—response framework),根据与待解决农业环境问题的相关性、科学合理、易被公众理解、可被时空变化验证、经济可行 5 大原则,将 AEIs 分为 3 类指标:①威胁指标是对潜在环境影响可能性的估计。②状态指标是对农业环境影响程度和趋势的估计。③强度指标是对资源利用效率的估计,是每单位农产品的环境影响或风险。

强度指标表征的是农用资源(如水、燃料)利用效率的高低,目前并未纳入农业环境绩效综合评价范畴,只用作对农用燃料的资源利用强度进行核算,如表 2-22 所示。

表 2-22 加拿大农业环境评价指标体系

准则层	因素层	指标层		指标描述	评价方法
土壤质量	土壤侵蚀	水蚀	降雨/径流、作物类型和面积、地形、土壤可蚀性	当前景观、气候条件和管理实践下,地表径流中土壤的潜在流失	结合通用土壤流失方程(USLE)及其修正方程(RUSLE2)
		风蚀	土壤因子(包含质地和地形)、基于作物残茬的植被因子、播种后的风速和降雨量	当前景观、风力条件和管理实践下,土壤的潜在流失	风蚀修正方程
		耕作侵蚀	耕作侵蚀率(经验数据)、景观可蚀性(包含坡长和坡度)	当前景观条件、耕作方式和种植实践下,丘陵地土壤的潜在再分配	根据加拿大各地农业生态系统的耕作实践特点和实验数据计算侵蚀率;根据坡长和坡度特征计算各地貌的可蚀性
	土壤有机质	土壤有机碳变化	CO_2 排放、CO_2 固定	加拿大农业土壤中有机碳水平随时间变化的趋势	世纪模型

续表 2-22

准则层	因素层	指标层		指标描述	评价方法
土壤质量	土壤有机质	土壤相对有机碳	当前土壤有机碳水平/模拟永久牧草地集约放牧时的 SOC 基线值×100%	不同区域不同耕作实践下，土壤有机碳水平相对于特定土壤基线水平的差异；度量有机碳累积速率	世纪模型
土壤质量	土壤盐渍化	景观尺度的土壤盐渍化状况；地形地貌(包含坡度和坡位)；土壤排水；生长季气候性水分亏缺；土地利用(基于历次农业普查永久覆盖、一年生作物和夏季休耕的相对数量确定)		从土地利用、水文、气候和土壤性质，估算土壤盐渍化程度的变化潜力	结合控制或影响盐渍化过程的指标权重，计算无量纲的盐渍化风险指数
土壤质量	微量元素累积引起的土壤污染	当土壤背景浓度低于 CCME 标准值时，以 6 种元素(砷、镉、铜、铅、硒和锌)的风险商为指标；当高于时，以世纪土壤浓度(指现行农业管理措施长期不变，经过 100 年的投入和损失，土壤中微量元素的浓度)超过土壤背景浓度的程度计量		从化肥、生物固体、饲料添加剂等农业投入物和土壤淋溶、作物带走、挥发等损失来评估 6 种主要微量元素的浓度对土壤的环境影响	风险商(微量元素估算浓度除以 CCME 标准浓度)，对 6 种元素的风险商求和，大于 1 即认为存在潜在风险；世纪土壤浓度超过背景浓度的程度，超过 50%即认为有潜在风险，以 6 种元素超出最高者计。土壤污染微量元素值以低水平逐年累积，后面年份可由之前年份推算求得
农田管理	土壤覆被	土壤覆被发生显著变化(种植、收获、耕作等)的日期及操作完成后的土壤覆被百分比；(种植、收获、耕作等)持续天数及此期间的土壤覆被百分比；植物和作物树冠的发展与衰落；作物残茬分解；厚度大于 2 cm 的雪覆盖土壤总天数；干草、牧草的多次收割和放牧		土壤覆被天数，即一年中农用地土壤上部有覆盖物，以免受侵蚀力作用的天数	土壤覆被天数模型

续表 2-22

准则层	因素层	指标层	指标描述	评价方法
农田管理	农田野生动物栖息地容量	物种数量 农业景观 土地利用变化 土地覆被类型	加拿大农业景观为陆栖脊椎动物种群提供适宜生境容量的大尺度趋势	土壤景观单元内所有特定物种生境可用性(SSHA)的平均值,其中,SSHA 指该物种自然生境斑块和与其自然生境土地覆被类型相近土地的比例
水质量	水中氮污染	残积土壤氮素:总氮输入(无机肥和畜禽粪、豆科植物固氮、大气干湿沉降),总氮输出(作物带走,NH_3、N_2O、N_2等气态损失)	作物收获后残留在农田土壤中的氮素;氮素利用效率指标	加拿大农业氮预算模型(4.0 版本)
		冬季土壤剖面中的氮素淋失;排水中硝态氮浓度	农业土壤硝酸盐淋失进入地下水或地表水体的相对风险	以残积土壤氮素为输入,考虑影响作物生长的气候条件,研究农业水循环对土壤蓄水、水分流失和硝态氮淋失的影响
	水中磷污染	磷源	磷从农田进入地表水体的可能性	累积磷平衡和水溶性磷生成程度的函数
		水文迁移(地面径流、排水、水蚀、水文连通性)		迁移和水文函数
	水中大肠菌群/病原菌污染	大肠菌群的平均数量:粪便日均生产系数、粪便中大肠菌群的系数、日衰减率	采用耐热大肠杆菌作为一项指标,考查病原菌进入地表水体的相对风险及其随时间的变化	根据日均粪便生产系数、粪便中大肠菌群系数和日衰减率,估计放牧动物和圈养动物中大肠菌群的平均种群数量
		大肠菌群进入地表水体的可能性:3 种迁移过程、大肠菌群源与水体的连通性(地形、瓦管排水、地表排水、优先流)		迁移和水文函数
	水中农药污染	水中农药平均浓度 每年农药迁移进入水体数量	根据农业管理措施、农药类型及其化学性质,考查农业区内农药进入水体的相对风险及其空间分布	农药根区模型;开发一个单独的模型,根据农药应用和管理的 100 种情景生成农药根区模型的输入参数

续表 2-22

准则层	因素层	指标层	指标描述	评价方法
空气质量和温室气体排放	农业温室气体排放	N_2O、CH_4、CO_2 的农业排放净额	净排放＝排放量－固定量，其中 N_2O、CH_4 的排放量为净排放	N_2O、CH_4 排放：加拿大根据政府间气候变化专门委员会起草的国际标准，提出具体的第二层方法，即根据各种温室气体分子的全球变暖潜力，以 CO_2 当量的形式计算排放量 CO_2 排放：参考"土壤有机质"关于土壤碳变化的计算
	农业氨气排放	畜禽养殖每公顷的氨气排放含铵或尿素的氮肥施用每公顷的氨气排放	在加拿大多边形的农业土壤景观上，进行家畜养殖或施肥，平均每公顷农田每年向大气排放的氨气	家畜模型（排泄粪便中的总氨氮量、氮排泄量、排泄总氨氮的转移和养殖过程中的氨气逸失、饲养和生产实践、农业实践和环境因素的排放、家畜数量）
				肥料排放模型（每公顷氮肥施用量、施氮比例）
	农业颗粒物排放	总悬浮颗粒物的年度排放量 PM_{10} 的年度排放量 $PM_{2.5}$ 的年度排放量	估算了农业生产活动的一次颗粒物排放量，并评估了减排措施的效果	农业颗粒物排放指标模型
特定商品利用强度	农产品温室气体排放强度	生产一单位（千克）特定农产品，单位面积（每公顷）农用地产生的温室气体排放净额（以 CO_2 当量的形式度量）	考虑了农产品生产环节（在农场内、未出农场大门）及加工环节（发生在出农场大门到出加工厂门口）的温室气体排放量	2 个基于电子表格的计算器（农场内生产环节，采用统一畜牧业和作物排放估算系统计算器；农场外加工环节，使用加拿大食品碳足迹计算器）

依据加拿大土壤景观（soil landscape of canada）的土壤、气候、地形和景观信息，农业普查获取的土地利用、作物和牲畜管理等信息，AAFC 通过模型测算和实验测定等方法，得到 AEIs 各指标的数值，以此划定公共相对等级（common relative classes），即因素层指标（如土壤侵蚀）的阈值等级；然后对指标值进行无量纲化处理，统计各风险等级对应的农田面积百分数（0～

100)，赋予各等级不同的权重值(表 2-23)，采用加权平均法统计特定调查时间节点的农业环境绩效指数，并划分为 5 个等级(表 2-23)；可根据不同时间节点的风险等级情况，判断因素层指标的风险状态随时间的变化情况。

表 2-23　农业环境指标绩效指数等级

等级	色标	类型	权重
80～100	(浅绿)	非常好	1.00
60～79	(淡绿)	好	0.75
40～59	(黄)	中等	0.50
20～39	(橙黄)	差	0.25
0～19	(红)	危险	0

将各因素层的指标聚类后，求算同一准则层下所有指标绩效指数的加权平均值，得到准则层指标(如土壤质量)的绩效指数。土壤质量综合指数是土壤侵蚀、土壤有机质、土壤盐渍化的绩效指数的加权平均值与微量元素累积指标的绩效指数之和。生物多样性综合指数、水质量综合指数和空气质量综合指数均为各自因素层所有指标绩效指数的加权平均值。

而农业环境综合风险由准则层指标(农田管理、土壤质量、水质量、空气质量)综合评价得到，是生物多样性综合指数、土壤质量综合指数、水质量综合指数和空气质量综合指数的加权平均值。

对于全国通用的“核心”指标，赋予每一指标相同的权重，权重总和为 1；而那些只在部分区域适用的指标，赋给总权重小于 1 的局部权重，如土壤盐渍化只适用于加拿大大草原区域，在其他区域无明显风险，故其权重降为 0.81。

1. 农业环境绩效评价应用案例

AAFC 根据上述程序，评价了五大农业环境风险的分布状况、引发风险的原因、各风险对农业环境的影响以及风险随时间的变化趋势。

以土壤侵蚀评价为例。首先，采用通用土壤流失方程(USLE)及其修正方程(RUSLE2)，风蚀修正方程(wind erosion equation)，结合农业普查数据，计算每公顷土壤的水蚀、风蚀和耕作侵蚀的年流失率，组织专家将水蚀、风蚀及耕作侵蚀划分为 5 个等级(表 2-24)。同样地，土壤侵蚀也划分为 5 级。其次，将水蚀、风蚀和耕作侵蚀造成的土壤流失率与各阈值、各等级比照，得到各自的风险等级范围。基于此，统计 3 种侵蚀在各阈值范围内的农田面积除以农田总面积，记为农田面积百分数（风蚀只计算加拿大草原诸省的农田面积百分数）。接着，将各等级的农田面积百分数乘以对应风险等级的权重值（表 2-23），计算得到水蚀、风蚀、耕作侵蚀的风险指数。最后，依据表 2-23 中的风险等级，将上述计算得出的各指标的风险指数划分为 5 个等级，根据不同调查时间节点的指数大小，判断水蚀、风蚀和耕作侵蚀风险随时间变化的趋势。

表 2-24　加拿大农业环境土壤侵蚀风险等级

	风险等级				
	非常低	低	中等	高	非常高
参照阈值/[t/(hm² · 年)]	≤6	(6,11]	(11,22]	(22,33]	>33

土壤侵蚀率是水蚀、风蚀、耕作侵蚀的土壤流失率的汇总值。将土壤侵蚀率与其阈值等级比较，得到土壤侵蚀风险等级范围，并制作侵蚀风险空间分布图（图 2-5）；统计各等级内农田面积所占百分比，乘以相应的权重，得到土壤侵蚀风险指数；根据历年风险指数情况，可以判断 1981—2011 年土壤侵蚀的变化。图 2-6 描绘了土壤侵蚀风险变化趋势。

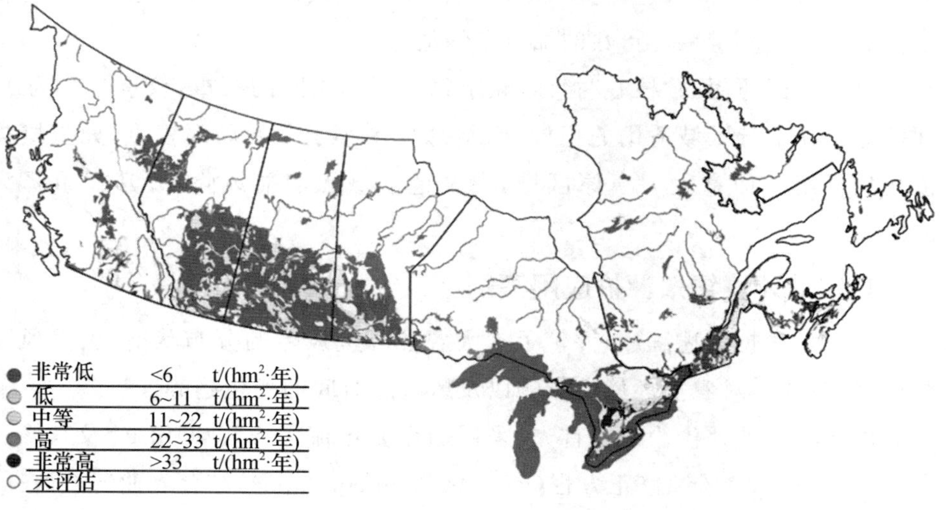

图 2-5　2011 年加拿大土壤侵蚀综合风险（见彩插）

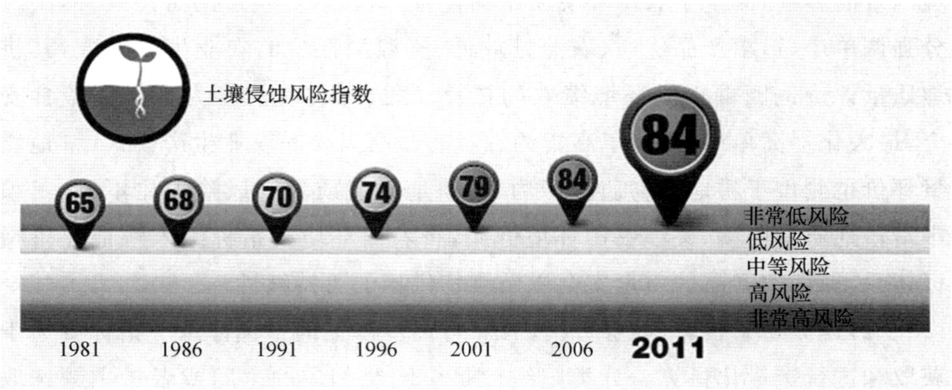

图 2-6 土壤侵蚀风险的变化趋势(见彩插)

土壤质量综合指数(soil quality compound index)由土壤侵蚀、土壤有机质和土壤盐渍化的风险指数加权平均后加上微量元素累积的风险指数得到。

2. AEIs 对我国耕地质量指标体系建立的借鉴意义

对比加拿大和我国已有的耕地质量评价体系,加拿大 AEIs 重在核算农业输出对环境的影响以及农业管理实践的绩效水平,而我国的耕地质量评价重在核算耕地生产力的大小以及自然条件及农业投入对耕地质量的影响。在评价方法上,AEIs 将指标值进行无量纲化处理,划定风险阈值范围,将所有指标各风险等级所占的农田百分数乘以各风险等级的权重,计算风险指数,以此评估农业环境绩效随时间的变化,并对风险等级状况进行空间化表达。我国的耕地质量评价一般以土壤特性为基础,采用加权平均法求算质量指数,局部指标使用连乘积法或“1+X”累加模型计算(即 1 为土壤质量,X 为其他影响因素);或采用连乘积法逐步修正,部分指标使用加权平均或“1+X”累加模型计算。耕地产能一般以气候条件为基础指数,再用耕地质量指数和农业技术水平系数进行修正。AEIs 在以下 2 个方面对我国具有较大的借鉴意义。

(1)将耕地环境健康纳入耕地质量评价体系　加拿大 AEIs 从农田管理、土壤质量、水质量、空气质量和农业资源利用效率几个方面确定指标,从整体上把握农业物质的流动情况,关注农业输出对土壤、水、空气和生物等环境因素的影响，侧重于农田环境质量的评价，重视农业生产的可持续性，不过分强调单产，追求产品优质、农业排放低、资源消耗少的农业生产模式，其耕地质量评价也侧重于对环境绩效的核算。我国人多地少，为了保证粮食安全，最大化提高单产，催生了高集约、高投入、高风险的农业生产模式，耕地质量评价也侧重于耕地的物质生产力，对耕地环境质量和风险关注不够，亟须丰富耕地质量内涵，关注农田环境健康，将农田环境类指标纳入耕地评价指标体系，保证农产品的质量安全以及食物供给的可持续性。

(2)建立易于核算、能够分类归纳、可逐步修正的指标体系　指标要易于获取和进行定量化核算。分类归纳性是应围绕相应的主题或者子主题选取指标。可逐步修正表现为指标体系框架具有稳定性，可以在原有的框架基础上进行扩展或修改完善。

2.3.3　小结

目前，国内的耕地环境质量指标体系不够完善，人类土地利用行为对耕地环境质量的影响以及耕地环境质量对农产品品质和农业可持续发展的影响方面缺少相关的评价机制。可以参照欧盟和加拿大的耕地环境质量指标体系以及产能质量指标中的危险指标、限制性指标，从土壤、水、大气、生态和景观等方面开展耕地环境质量评价和监测。

2.4　总体特点

1.针对性:质量与功能相对应

不同国家的耕地质量指标体系都强调“针对性”，即质量与功能的相互匹配。因此，上述各个国家或地区的评价系统基本上可以归为3类：第1类，针对产能(capability)，如英国、美国；第2类，针对耕地环境(environment)，如加拿大和欧盟；第3类，综合了产能和环境，诊断耕地的总体“健康”状况(health＝capability＋environment)。目前，只有德国的这套系统与此类似，而且主要围绕土壤健康设计。

2. 区域性：作物类型、风险类型

耕地质量指标体系存在区域性差异，主要体现在两方面：一是根据作物类型设定不同的阈值；二是某些耕地限制性因子(威胁因子)只是个别区域特有的，因此，针对某些地区的评价增加一些特殊的威胁因子。

3. 突出土地限制因子或威胁因子的作用

所有系统都强调耕地质量因子在等级评价中的“限制作用”，在产能评价中均着眼“最小限制因子”的作用。而在耕地环境质量评价中，则主要关注那些易受人类土地利用行为影响的“威胁因子”，如污染、侵蚀等。

4. 因子分级和质量等级

所有系统中对各个质量因子分级一般为3～5级；而对土地质量评价等级一般在8个等级以内，最少为3个等级(优等、中等和差等)。

5. 指标的通用性

各国或地区通用性指标主要集中在土壤和地形条件；不通用指标一般都涉及区域性的威胁因子，如表2-25、表2-26所示。

表2-25 现有耕地质量指标体系中各个指标的通用性比较

一级指标	二级指标	国际通用	部分国家或地区通用	中国特有	说明
地学特性	地貌类型	√			
	地下水位及其矿化度：(以105～110℃时将水灼干所得的水中所含各种离子、分子与化合物的总量，以每升水中所含克数表示)	地下水位各国通用		地下水矿化度中国特有	
	坡度坡向	√			
	地表岩石露头度	√			

续表 2-25

一级指标	二级指标	国际通用	部分国家或地区通用	中国特有	说明
土壤特性	土壤类型			√	
	耕层质地	√			
	剖面构型		德国		相关指标：德国上层 80 cm 内的土壤层次；表层土到下层土的突变程度
	成土母质		德国		
	耕作层厚度		加拿大，德国		
	有效土层厚度			√	
	障碍层类型及距地表深度	各国有扎根深度等相关指标			相关指标：德国的扎根深度（Soil rooting depth），澳大利亚的岩石层/硬土层深度(Depth to hard rock/hardpan)，加拿大 LSRS 体系的不适宜层次/深度[Non-conforming（geologic）layer]，英国的扎根深度
	电导率（25℃，5∶1 土壤浸出液）		加拿大，德国，澳大利亚		
	pH	√			
	土壤侵蚀模数		澳大利亚，英国，加拿大，欧盟		相关指标：澳大利亚的侵蚀度分级，英国的风侵蚀和水侵蚀
	土壤入渗率			√	
	全氮		澳大利亚		南澳大利亚州评价系统将氮和有机质作为评价土壤潜在肥力的部分指标，并提出 N 含量一般是有机碳含量的 10%（在没有作物残茬的情况下），可用于估算全氮含量

续表 2-25

一级指标	二级指标	国际通用	部分国家或地区通用	中国特有	说明
土壤特性	土壤有机质	√			
	砾石含量	√			
	容重		加拿大，澳大利亚		
	土壤养分元素		加拿大，德国，澳大利亚		
	土壤有效态微量元素		澳大利亚		
	土壤阳离子交换量(CEC)		澳大利亚		
环境状况	大气干湿沉降物年沉降通量				√
	灌溉水环境质量				√
	土壤重金属污染	√			
	农药残留				
	白色污染				
建设水平	田块状况		加拿大		相关指标：加拿大基本地形等级(basic land form rating)
	灌溉和排水条件	排水条件国际通用	灌溉：美国，澳大利亚		
	田间道路通达度			√	
	农田防洪标准			√	
	农田供电保证率			√	
	农田防护配套		美国		相关指标：美国农田投资水平(level of on-farm investment)
生物特性	土壤蚯蚓		欧洲(蚯蚓、弹尾目生物量)		表层土壤结构的检验标准之一

表 2-26　现有耕地产能评价指标体系中各个指标的通用性比较

一级指标	二级指标	国际通用	部分国家通用	中国特有	说明
气候条件	年太阳有效辐射量、日照时数、气温、降水量、风速、气压		加拿大，德国，英国		相关指标：加拿大的温度，湿度；德国的积温，霜冻，植物生长期，土壤冰冻厚度；英国的侧重于水量平衡和温度
耕地质量状况	地学特征 土壤特性 环境状况 建设水平 生物特性				见表 2-25 现有耕地质量指标体系中各个指标的通用性比较
技术水平	农机装备		美国		相关指标：美国农业服务有效性(a-vailability of agricultural support service)是对农业生产中装备供应和修理、化肥、农药、金融、市场等各项农业服务的综合评价
	作物种类	√			相关指标：美国在进行土地评价时要选取当地指示作物(indicator crop)；加拿大：整个评价系统以特定作物(小麦、大麦和燕麦等)为基础进行评价；德国：评价系统侧重于温带地区的雨养农业和谷物轮作，不适用于稻作生产以及一年多熟的农业系统；澳大利亚根据作物类型评价潜在根区深度(potential root zone depth)—各国将作物种类作为整个评价体系或某个指标的应用前提而非指标等级本身
	农艺保护			√	
	生物技术			√	

注：我国有关耕地质量和产能评价的指标涵盖了国际上土地生产力评价指标中的基本类型(但具体指标没有完全对应)，一些特殊指标如美国 LESA 评价体系的城市发展压力指标，景观/历史文化价值相关指标是我国评价系统中没有涉及的。

3 中国耕地质量评价的基本框架与指标体系构建

3.1 基本思路与框架

①如前所述，耕地质量主要反映耕地的生产能力及其保护和管理状况。因此，耕地质量指标体系应当包括3类指标，即耕地产能质量指标（即影响耕地产能或综合食物安全的数量安全），耕地环境质量指标（即影响农产品质量或综合食物安全的质量安全）；此外，还应包括那些影响耕地可持续利用与可持续食物供给安全的生态质量指标。

根据国土资源部（现为自然资源部）的耕地监管职责，首先，要制定一套专门针对耕地产能评估的耕地质量指标体系；其次，未来也要制定一套面向资源利用绩效监管、包容协调的耕地质量考核指标体系。

②面向资源利用绩效监管的耕地质量考核评价指标，要重点选择那些在耕地利用过程中其状态发生改变的属性或条件，以全面获取耕地利用的效应信息，进而进行耕地利用绩效的核算，实现耕地资源的有效监管。因此，面向资源利用绩效监管的耕地质量考核指标应包括地力质量指标、环境质量指标和生态质量指标中的一些因耕地利用而发生变化的因子，如有机质含量、耕层土壤容重、pH、土壤重金属含量、土壤侵蚀程度、土壤盐渍化程度、土壤生物特性、耕地破碎度、耕地平整度、灌溉保障率、排水条件等。

③而针对耕地产能评价时，要重点选用耕地的基础性指标，突出其对农业生产的限制作用和决定性影响，并考虑耕地的改良、管理条件；而对耕地环境质量进行评价时，应侧重选择那些易受土地利用影响的威胁因子作为评价指标。

④耕地质量是相对的，针对不同的种植制度和利用方式，所要求的质量标准（阈值）是不同的。不同耕作区域划分以指示作物类型比如，水田和旱地

应分开或以12个耕作制度分区为依据。

⑤区域性差异主要体现在指标阈值的不同；一些特殊性的区域指标应由各地根据试行结果分别补充，如美国、澳大利亚均如此。

⑥国家尺度的耕地质量指标体系主要用来监测和评估土地/农业政策（制度、法规、经济、规划、技术等）对耕地产能和环境的影响；地方耕地质量评价除了上述目标外，更重要的是要指导如何选择合理的耕地利用方式以及制定适宜的土地整治措施。

⑦耕地质量评价指标体系构建的基本思路，如图3-1所示。

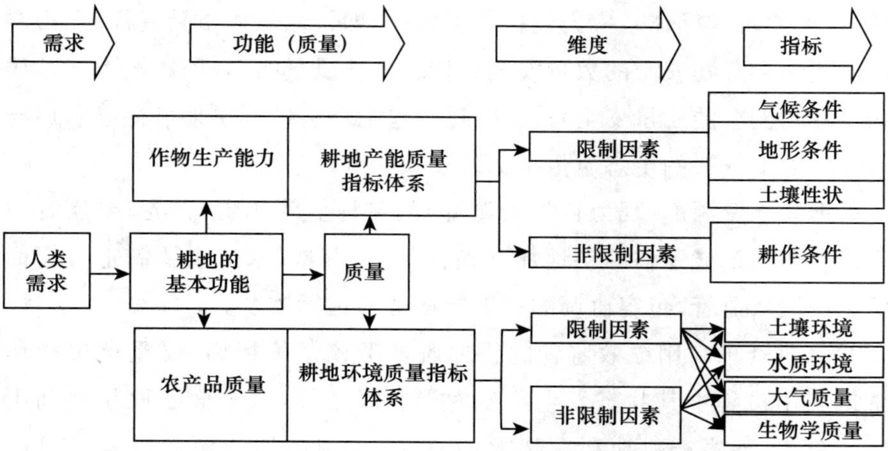

图3-1 耕地质量评价指标体系构建的技术路线

3.2 耕地产能质量指标体系

耕地产能质量指标是指影响耕地的潜在生产能力的土地属性或条件，包括耕地的固有属性和改良状况。根据图3-1技术路线构建耕地产能质量指标体系（表3-1）。其中，气候条件、地学条件与土壤性状为耕地的固有条件指标；耕作条件为耕地的改良条件指标（即“耕地改良条件”或“农田管理条件”）。

表 3-1 耕地产能质量指标体系

一级指标	二级指标	
	全国通用指标	区域备选指标
气候条件	光温(气候)生产潜力	—
地形条件	地形部位	海拔高度
	田面坡度	地表岩石露头度
土壤性状	有效土层厚度	黑土层厚度 土壤盐分
	障碍层离地表深度	
	耕层质地	
	土壤容重	
	土壤有机质	
	土壤养分	
	土壤酸碱度	
	耕层砾石含量	
耕作条件	灌溉保证率	梯田化水平
	排水条件	
	田块状况	
	田间通达度	

1. 光温(气候)生产潜力

气候条件是指在进行农业生产时,当地实际光、温、水、热等气候资源状况。气候条件是大气物理特征的长期平均状态,具有一定的稳定性。气候可以通过冷暖干湿等特征来衡量,通常由某一时期的平均值和离差值表征。气候条件用作物光温生产潜力来衡量。光温生产潜力是指在农业生产条件得到充分保证,水分、CO_2供应充足,其他环境条件适宜的情况下,理想作物群体在当地光、热资源条件下,所能达到的最高产量。气候生产潜力是指一个地区当土壤肥力和农业技术措施等指标在最适宜条件下,由太阳辐射、温度和水分等因素共同决定的单位面积的可能作物产量。将光温生产潜力进行水分订正(考虑实际蒸散与可能蒸散)就可以计算出当地的气候生产潜力。光温(气候)生产潜力的高低可反映作物生产的气候条件的优劣。

2. 地形部位

地形部位指具有特定形态特征和成因的中、小地貌单元。地形部位隶属于耕地的地学条件，地形条件既影响耕地的小气候又影响农业生产的难易程度。

3. 田面坡度

坡度是地表单元陡缓的程度。坡度隶属于耕地的地学条件，决定物质、能量和降水的再分配过程，对土壤物理和化学特性具有重要影响。

4. 海拔高度

海拔高度为区域备选指标，指某地与海平面的高度差，通常以平均海平面作为标准来计算，是表示地面某个地点高出海平面的垂直距离。海拔高度隶属于耕地的地学条件，与地形部位相同，既影响耕地的小气候条件又影响农业生产的难易程度。

5. 地表岩石露头度

地表岩石露头度是指基岩出露地面部分占地面的百分比，主要影响机械化耕作。随着岩石露头度的增加，耕地从可以大型机械化耕作向只能小型机械化耕作、只能畜耕或人耕的方向演化。地表岩石露头度隶属于耕地的地学条件，是决定耕地耕作条件的重要指标。

6. 有效土层厚度

耕作层厚度是经耕种熟化而形成的土壤表土层的厚度。耕作层的养分含量比较丰富，植物根系最为密集。有效土层厚度隶属于耕地的土壤条件，是反映土壤扎根条件的重要指标。

7. 障碍层离地表深度

障碍层是指在土壤剖面中出现的影响根系伸展和水分渗透的层次。障碍层深则制约作物根系发育，影响土壤保水保肥能力。障碍层离地表深度隶属于耕地的土壤条件，反映了土壤的扎根条件。

8. 耕层质地

耕层土壤颗粒的大小及其组合情况。耕层质地隶属于耕地的土壤条件，反映了土壤的持水性，与土壤通气、保肥、保水状况及耕作的难易密切关系；

耕层质地状况是土壤利用、管理和改良措施的重要依据。

9. 土壤容重

土壤容重指田间自然垒结状态下单位容积土体(包括土粒和孔隙)的质量或重量。土壤容重隶属于耕地的土壤条件,反映了土壤的透气性和紧实程度,其变化会影响水分和氧气的供应。

10. 土壤有机质

土壤中形成的和外界加入的动植物残体不同阶段的各种分解产物和合成产物的总称,包括高度腐解的腐殖物质、解剖结构尚可辨认的有机残体和各种微生物体。土壤有机质隶属于耕地的土壤条件,除了可反映土壤的养分状况,为植物生长提供养分,还具有改善土壤结构、耕性以及水分与养分的保蓄性能。

11. 土壤养分

由土壤提供的植物生长所必需的营养元素是土壤中能直接或经转化后被植物根系吸收的矿质营养成分。养分元素隶属于耕地的土壤条件,反映了土壤的养分状况,涉及植物生长的养分供应水平和质量变化。

12. 土壤盐分

土壤盐分指标为区域备选指标。土壤盐渍化是指土壤底层或地下水的盐分随毛管水上升到地表,水分蒸发后,使易溶性盐分在土壤表层积累的现象或过程。当土壤含盐量过高时,会形成盐化危害,影响作物的正常生长。

13. 土壤酸碱度

土壤酸碱度亦称“土壤 pH”,是溶液中氢离子活度的一种标度,也就是通常意义上溶液酸碱程度的衡量标准。土壤 pH 隶属于耕地的土壤条件,pH 对土壤养分有效性具有一定的影响,对植物生长的养分产生直接或间接作用。

14. 耕层砾石含量

直径＞2 mm,相对独立不易破碎的矿物质颗粒为砾石,含有砾石的土壤称为石质土壤。砾石含量隶属于耕地的土壤条件,当砾石含量达到一定程度时,会改变土壤结构,进而对土壤的物理、化学、生物特性以及水力特性产生影响。

15. 黑土层厚度

黑土层主要集中在东北区域，耕地黑土层厚度是指犁底层以上的部分，是肥力条件最好的一层，植物根系和微生物也集中在这一层。在土壤学中黑土层又称为腐殖层，该层腐殖质含量高，土质较疏松，呈粒状、团块状结构，其厚度代表了土壤的肥沃程度。

16. 灌溉保证率

灌溉保证率反映了耕地的灌水条件和抗御干旱灾害的能力，是预期灌溉用水量在多年灌溉中能够得到充分满足的概率，隶属于耕地的土壤的水利条件。

17. 排水条件

雨后（或灌溉后）地表积水情况受地形和排水体系的共同影响，排水条件是指为保证农作物正常生长，及时排除农田地表积水，有效控制和降低地下水位的能力。排水条件隶属于耕地的水力条件，反映了耕地的洪涝脆弱性，农田排水通过将农田中过多的地面水、土壤水和地下水排除，改善土壤的水、肥、气、热关系，有利于作物生长。

18. 田块状况

田块状况主要是指田块性状规整度及田块起伏和高差的合理程度。田块状况较差的耕地，一方面造成生产资料浪费，降低农业生产率；另一方面不利于新技术、新设备的应用，影响农业现代化、规模化发展。

19. 田间通达度

田间通达度主要包括耕作通行条件和空间连片性两个方面。耕作通行条件反映农田生产的便利程度；空间连片性反映田块集中连片，便于机械化耕作的程度。

20. 梯田化水平

梯田化水平以梯田类型（水平梯田、坡式梯田、隔坡梯田等）和熟化年限反映。一般可分为地面平坦，梯田化水平高；地面基本平坦，梯田化水平较高；高水平梯田；缓坡梯田，熟化程度 5 年以上；新修梯田。梯田化水平隶属于耕地的耕作条件，梯田是治理坡耕地水土流失的有效措施，具有十分显著的蓄水、保土、增产作用，梯田的通风透光条件较好，有利于作物生长和营养物质的积累。

3.3 耕地环境质量指标体系

耕地环境质量指标是指影响耕地的农业环境可持续性和农产品品质质量的土地属性或状态。这些质量指标是易变的，主要受土地利用等人类活动的影响。耕地环境质量指标体系，如表 3-2 所示。

表 3-2　耕地环境质量指标体系

候选指标		指标描述	国家层面	区域备选
土壤环境	土壤重金属污染	无机污染物、酸化物质中微量元素累积引起的污染	镉、铅、铜、锌元素含量	砷、汞、铬、镍元素含量
	农药残留	残存于土壤中的有机污染物	土壤农药残留量	
	农膜残留	评价农膜残留引起的“白色污染”状况	农田地膜残留量	
	土壤侵蚀	SL 190—2007 将全国分为水力侵蚀类型区、风力侵蚀类型区和冻融侵蚀类型区		水蚀、风蚀和冻融侵蚀的侵蚀模数
水质环境	总氮	测定农田地块浅层地下水样品中溶解态氮及悬浮物中氮的总和，包括亚硝酸盐氮、硝酸盐氮、无机铵盐、溶解态氨及大部分有机含氮化合物中的氮，可以反映农业用水水质的潜在状况	以 N 计	
	总磷	测定农田地块上的浅层地下水总磷含量，可以反映农业用水水质的潜在状况	以 P 计	
大气质量	大气干湿沉降物	向土壤、水体输入氮营养盐	年大气氮沉降通量	
	酸雨率	酸雨是酸沉降中的湿沉降的一种主要形式		酸雨(西南、华中等地)
生物学质量	土壤生物多样性	以土壤陆栖脊椎动物和无脊椎动物表征	土壤蚯蚓数量、弹尾目丰度	

1. 土壤重金属污染

土壤重金属污染是指人类活动将重金属带入到土壤中并且超出土壤的自净能力，导致土壤的物理、化学和生物性质发生改变，农作物的产量和质量降低。土壤重金属污染会造成农产品质量下降和人体健康风险。比如，我国南方多地的“镉大米”就是因为土壤中 Cd 元素超标所致。

2. 农药残留

农药残留是指在农业生产中施用农药后一部分农药直接或间接残存于谷物、蔬菜、果品、畜产品、水产品中以及土壤和水体中的现象。

土壤农药残留指农药使用后特定时期内没有分解而残留于土壤中的持久性有机污染物、特定类型的抗生素和激素等有机污染物。施用农药后直接或间接残存于土壤中的有机污染物会对农作物安全、水体及大气质量产生严重影响。

3. 地表整洁度(农田地膜残留量)

在耕作过程中地表会残留部分生产垃圾、生活垃圾，严重影响农田景观质量。地表整洁度用地膜残留量来表示，是农田土壤中残留的塑料薄膜或地膜的数量。农用塑料膜在自然条件下难以降解，残膜在土壤中积累，形成阻隔层，阻碍作物根系发育和对水分、养分的吸收。此外，由于残膜的处理回收不彻底，方法不科学，部分清理出的残膜被弃于田边、地头、水渠、林带中，影响农业环境景观，造成视觉“污染”。地膜对农田的污染通常被称为“白色污染”。

4. 土壤侵蚀

土壤侵蚀是指在水力、风力、冻融等自然营力和人类活动作用下，土壤或其他地面组成物质被破坏、剥蚀、搬运和沉积的过程。其中，水力侵蚀是土壤及其母质或其他地面组成物质在降雨、径流等水体作用下，发生破坏、剥蚀、搬运和沉积的过程，包括面蚀、沟蚀等；风力侵蚀是风力作用于地面，引起地表土粒、沙粒飞扬、跳跃、滚动和堆积，并导致土壤中细粒损失的过程；冻融侵蚀是土体和岩石因反复冻融作用而发生破碎、位移的过程。

土壤侵蚀，一方面，使大量肥沃耕地表土流失，造成土壤有机质和养分损失，土壤理化性质恶化，土壤板结，土质变坏，土壤通气透水性能降低，土壤肥力和植物产量迅速降低;另一方面,水土流失会导致地表植被严重破坏,耕地生态系统失调和恶化,导致洪涝旱、冰雹、干旱等自然灾害。

5.总氮(地下水)

总氮(TN)是水中溶解态氮与悬浮物中氮的总和,包括亚硝酸盐氮、硝酸盐氮、无机铵盐、溶解态氮及大部分有机含氮化合物中的氮。以每升水含氮毫克数计算。水中的总氮含量是衡量水质的重要指标之一,常被用来表示水体受营养物质污染的程度。其中,氨氮是耗氧物质,会导致水体缺氧,影响水中生物生长,造成水质恶化。水体中硝态氮一般很少,但是如果硝酸盐含量增高,而氨氮(NH_3-N)、亚硝酸盐氮(NO_2-N)含量较低甚至没有,表明污染时间已久。亚硝酸盐是氨转化为硝酸盐的中间产物。

地下水,狭义指埋藏于地面以下岩土孔隙、裂隙、溶隙饱和层中的重力水;广义指地表以下各种形式的水。浅层地下水由于埋深浅,未经深层岩石过滤,水体极易被工业污水和残留农药污染,进而危害到人体健康。

6.总磷(地下水)

总磷(TP)是水样经消解后,各种形态的磷转变成正磷酸盐后测定的结果,以每升水样含磷毫克数计量。

7.大气氮沉降

大气氮沉降是大气中的氮元素降落到陆地和水体的过程,通过降尘方式沉降称为大气氮干沉降,通过降雨方式沉降称为大气氮湿沉降。在沉降过程中,大气氮表现出两种形式:无机态和有机态,前者包括 NH_4^+、NO_3^-、NO_2^- 可溶于水的离子和一些气态成分;后者包括有机硝酸盐、还原态有机氮和生物有机氮。由于化石燃料的燃烧、含氮化肥的使用以及秸秆的燃烧等人类活动,向大气中排放的含氮化合物数量不断上升。大气氮沉降会增加农田自然供氮,引发水体氮污染。

8.酸雨率

酸雨是指 $pH \leqslant 5.60$ 的雨水、冻雨、雪、雹、露等大气降水,是因人类活动或自然灾害等原因导致区域降水酸化的一种污染现象。酸雨对农业生产具有重要影响,当酸雨输入超过土壤缓冲能力时,土壤就会呈现酸化,物理化学性质发生变化。在酸雨污染严重地区和周边二氧化硫排放量较大的地区,需要通过酸雨指标评价耕地的大气质量。

9. 农田生物多样性

生物多样性是评价农田生态系统服务功能不可缺少的指标。狭义上，农田生物多样性指农田生态系统中的物种多样性；广义上，农田生物多样性是指生态系统多样性。这里主要指狭义的概念，仅针对农田物种多样性开展评价。

特有类群是确定生物多样性优先保护区和生物多样性热点地区的重要参考指标，特有种群的物种丰富度是评价农田生物多样性价值的重要指标。本评价中以土壤动物蚯蚓和弹尾目的物种多样性表征农田的生物多样性状况。

4 耕地质量测算规范和指标分级

4.1 指标表达与测算

4.1.1 耕地产能质量指标的表达与测算

1.光温(气候)生产潜力

以各地指示作物的光温(气候)生产潜力指数衡量,从《农用地质量分等规程 GB/T 28407—2012》中查找评价单元所在县的光温(气候)生产潜力指数。在农用地有灌溉条件时查找光温生产潜力指数,无灌溉条件时查找气候生产潜力指数。

2.地形部位

地形部位通过判读地形图结合实地调查获得。在等高线地形图上,可以非常直观地看出各种不同的地形部位。等高线闭合、四周高于中部的是盆地或洼地,中部高于四周的是山峰,两山顶之间的部位是鞍部。若相邻两条或多条等高线重叠则表示陡崖。若等高线弯曲,且等高线最弯曲处由高向低凸出的部位为山脊,各等高线最凸出的点的连线为山脊线,也是分水线;等高线最弯曲处由低向高凸出的部位为山谷,各等高线最凸出的点的连线为集水线。

3.田面坡度

田面坡度是农田坡面与水平面的夹角度数。按照 5 点取样法,实际测量农田坡面与水平面的夹角度数,计算得到该田块的平均坡度;或基于当地高分辨率的 DEM 得到全域坡度数据,通过空间分析的手段提取对应田块范围内的平均坡度。

4.海拔高度

海拔高度表示地面某个地点高出海平面的垂直距离,通常以平均海平面做标准来计算。按照5点取样法，利用GPS定位仪现场测定海拔高度，计算得到该田块的平均海拔高度或基于当地高分辨率的DEM，通过空间分析的手段提取对应田块范围内的平均海拔高度。

5. 地表岩石露头度

从全国第二次土壤普查资料中获得信息或进行野外实地调查。

6. 有效土层厚度

从全国第二次土壤普查乡级或县级成果的土种类型图及其报告中获得土层厚度数据。

7. 障碍层离地表深度

从第二次土壤普查数据、土壤质地栅格数据中获取。

8. 耕层质地

参考第二次土壤普查数据。

9. 土壤容重

土壤容重通过测定田间自然状态下，每单位体积土壤的干重获得，通常用g/cm^3表示。参考GB/T 33469—2016，附录E土壤容重的测定。

10. 土壤有机质

以有机质占干土重的百分数表示，单位为g/kg。测定程序如下：第1步，利用重铬酸钾氧化法测定的土壤中有机碳素的含量，参考GB/T 33469—2016，附录C土壤有机质的测定；第2步，利用测定出来的土壤有机碳的含量乘以1.724，得到土壤有机质的含量。

11. 土壤养分

$$C_{养综} = \sum_{i=1}^{n} K_i f_t \quad i = 1,2,3,\cdots,n$$

式中，$C_{养综}$为土壤氮、磷、钾综合养分指数，$30 \leqslant K_{养综} \leqslant 100$；$f_i$为氮、磷、钾权重系数，分别为0.4、0.4和0.2；K_i为土壤氮、磷、钾的单元素养分等级得分。其中，土壤养分综合指数($C_{养综}$)等级划分及得分$K_{养综}$见表4-14。

测定步骤为：第1步，测定土壤中全氮、全磷、全钾和碱解氮、速效钾、速效钾 6 种元素的含量，测定方法参考 NY/T 1121 规定的方法；第 2 步，将土壤中全氮、全磷、全钾和碱解氮、速效钾、速效钾 6 种元素进行等级划分，划分标准见表 4-12；第 3 步，按照表 4-12 中氮、磷和钾的分级标准值，对评价单元氮、磷和钾的实测值或内插值进行土壤单指标养分等级划分。评价单元土壤养分等级、得分值（K 值）、含义见表 4-13；第 4 步，根据计算得土壤氮磷钾综合养分指数和土壤养分综合等级划分级得分（表 4-14）得到土壤养分综合等级。

12. 土壤盐分

中国盐渍土或称盐碱土的分布范围广、面积大、类型多，主要发生在干旱、半干旱和半湿润地区，主要包括钠、钾、钙、镁等的硫酸盐、氯化物、碳酸盐和重碳酸盐。硫酸盐和氯化物一般为中性盐，碳酸盐和重碳酸盐为碱性盐。土壤水溶性盐总量测定参考 GB/T 33469—2016 标准（耕地质量等级）。

13. 土壤酸碱度

土壤溶液中 H^+ 浓度的负对数，我国土壤的 pH 大多数在 4～9，在地理分布上由北向南，pH 逐渐减小。参考 GB/T 33469—2016 标准（耕地质量等级）。

14. 耕层砾石含量

表层土壤中砾石相对含量最常用以下 3 种表述方法。

①土壤表面砾石覆盖度（R_c）：砾石地上部分投影面积与地表面积的比值。

②砾石体积含量（R_v）：砾石体积和包括砾石与细土的土壤体积的比值。

③砾石质量含量（R_m）：砾石质量和石质土壤总质量的比值。

测定时采用环刀取样法、挖坑法、Viro 插钎法、γ 射线法、探地雷达法和电阻率断层扫描法或者从第二次土壤普查数据、土壤质地栅格数据中获取。

15. 黑土层厚度

参考第二次土壤普查数据，并进行实地调查。

16. 灌溉保证率

一般旱涝保收田的灌溉保证率在 75％以上。湿润、半湿润地区灌溉保证率：旱作区不低于75%，水稻区不低于85%；干旱、半干旱地区灌溉保证率：旱作区不低于50%，水稻区不低于75%；其他地区一般不低于70%。利用实地调查与水利资料图件信息相结合的方法计算灌溉保证率。

17.排水条件(洪涝脆弱性)

根据当地有关排水体系资料、地形坡度和调查访问确定。主要查看有无健全的干、支、斗、农排水沟道体系。现场调查排水方式、排水设施现状等，综合判断农田保证作物正常生长，及时排除地表积水，有效控制和降低地下水位的能力，可分为4级：充分满足、满足、基本满足、不满足。

18.田块状况(整齐、平整度)

田块状况综合实地调查和评估，进行空间分析，引用面积加权平均斑块形状指数和平整度综合测算。

基于农用地分等定级和耕地等别年度监测成果中的耕地图斑数据、当地高分辨率的DEM影像，以单一耕地图斑作为指标尺度，从形状规整度(用形状指数*SHAPE*表征，值越小，形状越规整)和田块平整度(用田块内部高差$|\Delta H|$表征，值越小，田块越平整)2个方面综合测算。计算田块内部高差$|\Delta H|$时，需要在单一耕地图斑内部按照5点取样法的要求确定1个中心点和4个对角线点，利用空间分析的手段从DEM数据中，分别提取对应的高程值。

计算过程：分别计算*SHAPE*值和$|\Delta H|$值并进行归一化处理(公式如下)；依据二者的归一化值，按照表4-21a相关规则对应赋分；对二者得分加权求和(权重均为0.5)得到田块状况的综合分值。

$$SHAPE=\frac{P_k}{4\sqrt{a_k}}$$

$$[|\Delta H|]=\left|H_{中}-\frac{H_1+H_2+H_3+H_4}{4}\right|$$

$$X_k=\frac{x_{\max}-x_k}{x_{\max}-x_{\min}}$$

式中，a_k和P_k分别为第k个单一耕地图斑的面积和周长；$H_{中}$为该单一耕地图斑1个中心点的高程值，H_1、H_2、H_3、H_4分别为其4个对角线点的高程值；X_k 为第 k 个单一耕地图斑某指标的归一化值，$x_{\max}$为当地实际情况中该指标原始值的最大值，$x_{\max}$为当地实际情况中该指标原始值的最小值，x_k为第 k 个单一耕地图斑该指标的原始值。

19.田间通达度

田间通达度为耕作通行条件和空间连片性的复合指标。其中，耕作通行条件可用不同等级道路网密度反映，田间道路密度越大，说明耕作通行条件状况越好，便于进行田间耕作。空间连片性可用田块平均邻近度指标（MPI）表达，该指标能够度量同类型田块间的邻近程度以及耕地单元的破碎度，若 MPI 值小，表明同类型田块间离散程度高或破碎程度高；MPI 值大，表明同类型田块间邻近度高，田块连接性好。可通过土地平整、合并田坎等措施提高耕作田块的集中连片度。

$$\text{田间通达度}=\text{耕作通行条件}\times\text{空间连片性}$$

耕作通行条件指数利用指数衰减法计算，公式如下：

$$f_i = M_i^{1-r} \qquad (r = d_c/d)$$

式中，f_i为因素作用分值；M_i为规模指数；d_c为实际距离；d 为因素影响半径；r 为相对距离。

田块平均邻近度指标（MPI）的计算公式为：

$$MPI = \frac{\sum_{i=1}^{m}\sum_{j=1}^{n}\sum_{s=1}^{n}\frac{a_{ijs}}{h_{ijs}^2}}{N}$$

式中，m 为田块类型数；n 给定距离内的田块数；a_{ijs}给定距离内的斑块 ijs 的面积；h_{ijs}为在给定距离内的斑块 ijs 之间的距离；n_i为斑块类型 i 的斑块数；N 为评价单元内斑块总数。

20.梯田化水平

该指标是对梯田类型（水平梯田、坡式梯田、隔坡梯田等）和熟化年限的综合反映。根据实地调查与评估，一般可分为地面平坦，园田化水平高；地面基本平坦，园田化水平较高；高水平梯田；缓坡梯田，熟化程度5年以上；新修梯田;坡耕地等 6 种类型。

4.1.2 耕地环境质量指标的表达与测定

1. 土壤重金属元素

选择镉、铅、铜、锌元素为国家尺度土壤污染监测指标,砷、汞、铬、镍元素为区域备选指标。上述 8 种元素是我国重金属污染的典型元素,在监测耕地环境污染方面具有代表性。土壤各个单项重金属的安全等级按其单项指数 P_i 划分,土壤各个点位的安全等级按其点位单项指数的最大值 $P_{i\max}$ 划分。采样点土壤重金属污染状况根据农田土壤的最大单项指数确定。

土壤单因子指数计算公式如下:

$$p_i = \frac{c_i}{c_{oi}}$$

式中,p_i 为土壤重金属 i 的单因子指数;c_i 为土壤重金属 i 的实测浓度;c_{oi} 为土壤重金属 i 的污染风险评估参比值。

土壤铅、镉元素按 GB/T 17141 规定的方法测定,土壤铜、锌元素按 GB/T 17138 规定的方法测定;土壤总砷按 NY/T 1121.11 规定的方法测定,土壤总汞按 NY/T 1121.10 规定的方法测定,土壤总铬按 NY/T 1121.12 规定的方法测定,土壤总镍按 GB/T 17139 规定的方法测定。土壤样品采集、样品处理方法见《土地质量地球化学评价规范 DZ/T 0295—2016》。

2. 农药残留

样点采集、实验室分析、数据质量控制与质量保证均按照《农田土壤环境质量监测技术规范 NY/T 395—2012》执行。

农药残留采取均匀布点法布点,农产品产地污染区每个点代表面积 10～300 hm^2,一般农产品产区每个点代表面积 200～1 000 hm^2,设立监测单元定期检测农药污染状况。农药残留中有机氯类农药六六六、滴滴涕利用气相色谱法(GB/T 14550)测定,磺酰脲类除草剂用液相色谱-质谱法(NY/T 1616)测定,有机磷农药用气相色谱法(GB/T 14552)测定。

3. 农田地膜残留量

采用《农田地膜残留量限值及测定(GB 25413—2010)》提出的地膜残留

量测定方法：对经整地、残膜捡拾处理后的待播地沿长宽方向的中线划分为4块，随机选对角的2块作为2个测区，每个测区为一个样本；在每个测区内选择5个测点，每个测点选取1 m×1 m的区域；将2个测区耕作层（深度通常为25～30 cm）内的长边长度大于2 cm的残留地膜捡出，用清水洗净，放置阴凉处晾干，然后用天平称重，按照下式计算地膜残留量，即

$$M = 10 \times \frac{\sum X_i}{n}$$

式中，M为试验地地膜残留量，单位为千克每公顷（kg/hm^2）；X_i为测点中长边长度大于2 cm的残留地膜，单位为克(g)；n为测点数。

此外，也可以基于历年统计年鉴，选用地膜覆盖量作为导向性指标，然后根据当地地膜回收状况推算残留比例，从而计算地膜残留量。

4. 土壤侵蚀

《土壤侵蚀分类分级标准（SL 190—2007）》将全国分为水力、风力、冻融3个1级分类区，在此基础上再细分2级、3级类型区和亚区，开展土壤侵蚀调查与评价。基于这种划分方法，本体系将土壤侵蚀指标分解为水力侵蚀、风力侵蚀、冻融侵蚀，作为区域备选指标。

土壤侵蚀模数表示单位时段内单位水平面积地表土壤及其母质被侵蚀的总量，通常以 t/(km^2 · 年)表示。土壤侵蚀测量方法主要有试验小区测量、测量技术和核素示踪（Loughran 等，1994；唐强 等，2011）。其中，试验小区测量的原理是通过在有界或无界的试验小区收集径流和泥沙，估算大区域土壤侵蚀率，在20世纪八九十年代广泛使用。测量技术是指借助摄影测量、三维激光扫描、差分GPS、遥感系统、多孔径雷达技术和光电侵蚀针系统等方法监测土壤侵蚀。核素示踪是用同位素铯-137（^{7}Be、$^{210}Pb_{ex}$、^{59}Fe等示踪剂也有使用）定量土壤净流失，再利用通用土壤流失方程（USLE）和侵蚀小区估测量修正铯-137流失量与土壤流失的关系。

5. 总氮

相对于氨氮、亚硝酸盐，硝态盐占水中总氮的比重较大，远远超过前二者，因此，选用浅层地下水硝态氮代替总氮指示耕地的水环境状况。

首先，参照《水环境监测规范（SL 219—2013）》和《多目标区域地球化学

调查规范 DD 2005—01》的相关规定，均匀网状布设采样井，布设密度视地貌和开采强度而定。

其次，采样井应选择井径大、水位高的水井，充分利用已有机井；泉水可直接在涌水口采集；人工挖掘的取水坑，应在地下水平衡后取样。取样时，先测地下水位，再采集水样。地下水样品采集采用瞬时采样法，采样时尽量轻地扰动水体。取样前先用待取水洗涤装样瓶和塞子 3～5 次，然后把取样瓶沉入水下 30 cm 深处，平行样应与原样同时采集、处理。样品返回实验室后，利用碱性过硫酸钾消解紫外分光光度法测定地下水中硝酸盐氮的含量(mg/L)，详见 HJ/T 636—2012。

6. 总磷

选择浅层地下水中磷酸盐含量表征农业磷素投入对水质的影响。浅层地下水的采集与总氮相同，参照《水环境监测规范(SL 219—2013)》和《多目标区域地球化学调查规范 DD 2005—01》关于地下水监测的相关规定执行。在中性条件下用过硫酸钾消解水样，用钼酸铵分光光度测定地下水中总磷的含量(mg/L)，详见 GB 11893—89。

7. 大气氮沉降

大气氮沉降年沉降通量包括干沉降量和湿沉降量 2 部分，用以衡量氮素输入对农业生产的影响，以 t/(km^2 · 年)计。

大气氮干湿沉降物样品布设和样品采集，依据《土地质量地球化学评价规范(DZ/T 0295—2016)》执行。大气氮干湿沉降监测点应布设在耕地地块内或相近地区。在城镇近郊区、主干道两旁大气污染严重地区，样点可适当加密；在远郊区大气污染不严重的地区可适当减少。原则上，大气干湿沉降物接尘缸放置一年后，按照规定回收样品。在大气污染严重地区或有条件地区，可按照季度回收样品，回收方法、接尘缸清洗、放置与收集要求详见标准。

氮沉降(总氮)的质量浓度采用过硫酸钾氧化-紫外分光光度法测定，测定方法参见标准 HJ/T 636—2012。氮沉降通量计算公式如下(朱炫 等，2015)：

$$T=\frac{1\ 000\rho V}{s}$$

式中，T 为沉降通量(kg/hm^2)，V 为样品体积(mL)；ρ 为样品中 TN 的质量浓度(mg/L)；s 为接尘缸底面积(mm^2)，1 000 为单位换算系数。

8.酸雨率

依据《酸雨观测规范(GB/T 19117—2003)》，采集降水样品，测定完 pH 后，采用氢离子浓度—雨量加权法计算年均降水 pH：将每日降水 pH 换算成氢离子浓度后，乘以相应的日降水量，求和后除以年内总降水量，得到平均氢离子浓度，取负对数即得到年均降水 pH。计算公式如下：

$$pH_{平均} = -\lg\left\{\frac{\sum[H^+]_i \cdot v_i}{\sum v_i}\right\}$$

式中，$pH_{平均}$ 为年平均 pH；v_i 为各次降水样品的降水量；$[H^+]_i$ 为各次降水样品的氢离子浓度。

氢离子浓度计算公式如下：

$$[H^+]_i = 10^{-pH_i}$$

式中，pH_i 为各次降水样品的 pH。酸雨发生频率指降水 pH<5.6 的次数占当年 pH 观测总次数的比率。

9.蚯蚓和弹尾目丰度

农田生物多样性评价指标值用农田生物多样性指数表示，这里的农田生物多样性指数用土壤蚯蚓丰度平均值和弹尾目丰度平均值表征。

(1)蚯蚓丰度　蚯蚓的数量与不同土壤耕作措施(残余物处理、耕作系统的调控、作物轮作、豆类作物的种植情况)有关(Syers，1986)，土壤蚯蚓丰度指土壤中蚯蚓物种的种群数量的多少，以条/m^3 计量。采用样方法调查土壤蚯蚓，即在土壤蚯蚓的生存环境内随机选取若干个样方，取样深度为 30 cm，抽样时要使总体中个体被抽选的机会均等。将带有蚯蚓成虫的土壤放入事先贴好标签的容器中，低温保存。蚯蚓标本带回实验室后，浸泡在 10%福尔马林溶液中鉴定物种数量；对某些不适合福尔马林标准法进行鉴定的土壤，挖取原状土柱，徒手分离样品中的蚯蚓，再将土样过 1 mm 的筛，计算样方内的蚯蚓成虫数。而后，统计每个样方的种群密度，以所有样方种群密度的平均值作为土壤蚯蚓的丰度。

(2)弹尾目丰度　弹尾目丰度是指土壤中弹尾目物种的种群数量的多少,以个/m^2计量。选择每年的5—9月采集土样,每个样地按照对角线法选取5个采样点,样方大小为10 cm×10 cm,在选取的每个点上用直径5 cm的采土器按照Ⅰ层(凋落物层)、Ⅱ层(0～5 cm)、Ⅲ层(5～10 cm)、Ⅳ层(10～15 cm)、Ⅴ层(15～20 cm)5层取样,将土样装到塑料袋中,做好标记,带回实验室内。将采回来的土壤装入Tullgren漏斗内,采用白炽光照射12～24 h,收集弹尾目标本保存在75%浓度酒精灯中,对体表有污泥或异物的个体清洗去污;采用透明液对标本进行透明,制作玻片;在Tech XTS—20解剖镜下,对制作好的弹尾目标本进行分拣,注意与其他动物分开,参考《中国土壤动物检索图鉴》(尹文英 等,1992)和世界弹尾目名录分类系统,鉴定并统计个体数量。再根据样方内5个采样点的样本数计算该样方弹尾目丰度的平均值。最后,统计所有调查样地弹尾目丰度。

4.2 指标分级

4.2.1 耕地产能质量指标的分级

1.光温(气候)生产潜力

光温(气候)生产潜力评价指标分级、赋分标准,如表4-1和表4-2所示。

表4-1　光温生产潜力评价指标分级、赋分标准

分级	分值	描述						
		冬小麦	春小麦	夏玉米	春玉米	一季稻	早稻	晚稻
1级	100	2 000～2 500	2 000～2 500	2 000～2 500	3 600～4 500	2 800～3 500	2 000～2 500	2 400～3 000
2级	80	1 500～2 000	1 500～2 000	1 500～2 000	2 700～3 600	2 100～2 800	1 500～2 000	1 800～2 400
3级	60	1 000～1 500	1 000～1 500	1 000～1 500	1 800～2 700	1 400～2 100	1 000～1 500	1 200～1 800
4级	40	500～1 000	500～1 000	500～1 000	900～1 800	700～1 400	500～1 000	600～1 200
5级	20	0～500	0～500	0～500	0～900	0～700	0～500	0～600

表 4-2 气候生产潜力评价指标分级、赋分标准

分级	分值	描述					
		冬小麦	春小麦	夏玉米	春玉米	早稻	晚稻
1级	100	1 600～2 000	1 200～1 500	2 800～3 500	2 800～3 500	1 600～2 000	1 600～2 000
2级	80	1 200～1 600	900～1 200	2 100～2 800	2 100～2 800	1 200～1 600	1 200～1 600
3级	60	800～1 200	600～900	1 400～2 100	1 400～2 100	800～1 200	800～1 200
4级	40	400～800	300～600	700～1 400	700～1 400	400～800	400～800
5级	20	0～400	0～300	0～700	0～700	0～400	0～400

2.地形部位

地形部位评价指标分级、赋分标准，如表 4-3 和表 4-3a 所示。

表 4-3 地形部位评价指标分级、赋分标准

分级	分值	描述
1级	100	见表 4-3a 不同区域地形部位指标分级
2级	90	
3级	70	
4级	40	

表 4-3a 不同区域地形部位指标分级

区域	1级	2级	3级	4级
东北地区	岗平地、宽谷漫岗地、河流二级阶地	岗平地、河谷阶地、漫岗缓坡地、台地	河漫滩、低阶地、漫岗缓坡地、岗坡地、山地下部	岗间洼地、河漫滩、低阶地、岗顶岗坡底
内蒙古及长城沿线	河流冲积平原的河漫滩、低阶地山前倾斜平原的中部和下部	河流冲积平原的中阶地、河谷阶地、山前倾斜平原上部	河流冲积平原边缘地带、山前倾斜平原前缘、低山丘陵坡地	
黄淮海平原	交接洼地、倾斜平原、山前平原、缓平坡地、冲洪积扇	交接洼地、微斜平地、缓平坡地、平原高阶、丘陵下部、丘陵中部、河滩高地	滨海低平地、河滩高地、坡地上部、丘陵上部	

续表 4-3a

区域	1级	2级	3级	4级
黄土高原	河流一、二级阶地	河谷阶地、塬地、洪积扇中下部、涧地	河漫滩、梁面平地、缓坡地	梁、峁、坡地
长江中下游区	河流中、下游平原平缓阶地、山间盆地、款骨盆底、平坝、低塝田、下冲垄田、河湖冲、沉积平原、冲击海积平原、滨海平原	山间畈田、河流上游宽谷阶地、低丘坡田、缓塝田、缓丘坡田、冲垄下部、下部田、平原湖田、河湖冲、沉积平原、冲击海积平原、滨海平原	河谷低阶地、盆谷阶地、江河高阶地、丘陵低阶地、缓岗地、丘陵中部和下部、冲垄上部田、河湖冲、沉积平原低洼地、滨海平原洼地、新垦滩涂	河谷阶地、山间谷地、封闭洼地、高丘山地、丘陵谷地、山垄上冲田、丘陵上部、新垦滩涂
西南区	款骨盆地、平原阶地、河流阶地、丘陵坝地、台地、丘陵下部	河流阶地、丘陵坝区、台地、丘陵中下部、山地中下部	丘陵上部，山地上、中、下部	
华南区	河口三角洲平原、峰林平原、河流冲积平原、宽谷冲积平原、宽谷阶地、平坝、丘陵缓坡	宽谷冲积平原、峰林平原、河流冲积平原、宽谷的中上部、低丘坡麓、丘间谷地、河坝地、滨海砂地、宽谷阶地、平坝丘陵缓坡	低丘坡麓、丘间洼地、河流冲积坝地、滨海地区、枫林谷地、沟谷地、山地坡下部	滨海地区、封闭洼地、丘陵地谷地、山间峡地、枫林谷地、沟谷地、山地坡中部
甘新区	大河三角洲的上部、河流冲积平原的河漫滩、低阶地、山前平原的中部和下部	泛滥河流的河间洼地、山前平原中部和上部、下切河流冲积平原的中阶地、大河三角洲中部	大河三角洲下部、河流冲积平原的边缘地带、山前平原上部	
青藏区	河流低谷地、冲积扇前缘、台地	河流宽谷阶地、坡地、湖盆阶地、洪积扇中部和后部、坡积裙、起伏侵蚀高台地		

3.田面坡度

田面坡度评价指标分级、赋分标准,如表 4-4 所示。

表 4-4 田面坡度评价指标分级、赋分标准

分级	分值	描述
1 级	60	田面坡度≤0.12°
2 级	40	田面坡度 0.12°~0.15°
3 级	20	田面坡度 0.15°~0.2°
4 级	10	田面坡度 0.2°~0.3°

4.海拔高度

海拔高度评价指标分级、赋分标准,如表 4-5 所示。

表 4-5 海拔高度评价指标分级、赋分标准

分级	分值	描述	
		西南区	青海区
1 级	100	≤1 600 m	≤1 500 m;内陆灌(漠)淤土 2 800~3 000 m
2 级	90	1 600~2 000 m	1 500~2 000 m;内陆灌(漠)淤土 3 000~3 200 m
3 级	70	≥2 000 m	2 000~2 500 m
4 级	50		2 500~3 800 m
5 级	30		>3 800 m

5.地表岩石露头度

地表岩石露头度评价指标分级、赋分标准,如表 4-6 所示。

表 4-6 地表岩石露头度评价指标分级、赋分标准

分级	分值	描述
1 级	100	岩石露头<2%,不影响耕作
2 级	90	岩石露头 2%~10%,露头之间的间距 35~100 m,已影响耕作
3 级	70	岩石露头 10%~25%,露头之间的间距 10~35 m,影响机械化耕作
4 级	40	岩石露头≥25%,露头之间的间距 3.5~10 m,影响小型机械耕作

6.有效土层厚度

有效土层厚度评级指标分级、赋分标准,如表 4-7 所示。

表 4-7　有效土层厚度评级指标分级、赋分标准

分级	分值	描述
1 级	100	≥150 cm
2 级	90	100～150 cm
3 级	70	60～100 cm
4 级	50	30～60 cm
5 级	30	<30 cm

7. 障碍层离地表深度

障碍层离地表深度评价指标分级、赋分标准，如表 4-8 所示。

表 4-8　障碍层离地表深度评价指标分级、赋分标准

分级	分值	描述
1 级	100	60～90 cm
2 级	80	30～60 cm
3 级	60	<30 cm

8. 耕层质地

土壤耕层质地评价指标分级、赋分标准，如表 4-9 所示。

表 4-9　土壤耕层质地评价指标分级、赋分标准

分级	分值	描述
1 级	100	壤土包括苏联卡庆斯基制的沙壤、轻壤和中壤，1992 年全国土壤普查办公室制定的中国土壤质地试行分类中的壤土
2 级	80	黏土包括苏联卡庆斯基制的黏土和重壤，1992 年全国土壤普查办公室制定的中国土壤质地试行分类中的黏土
3 级	70	沙土包括苏联卡庆斯基制的紧沙土和松沙土，1992 年全国土壤普查办公室制定的中国土壤质地试行分类中的沙土
4 级	40	砾质土，即按体积计，直径大于 3 mm 的砾石等粗碎屑含量大于 10%，包括苏联卡庆斯基制的强石质土，1992 年全国土壤普查办公室制定的多砾质土

9. 土壤容重

土壤容重评价指标分级、赋分标准，如表 4-10 所示。

表 4-10 土壤容重评价指标分级、赋分标准

分级	分值	描述
1 级	100	1～1.25 g/cm³ 适宜
2 级	90	<1 g/cm³ 过松；1.25～1.35 g/cm³ 偏紧
3 级	70	1.35～1.45 g/cm³ 紧实
4 级	50	1.45～1.55 g/cm³，过于紧实
5 级	30	>1.55 g/cm³，坚实

10. 土壤有机质

土壤有机质评价指标分级、赋分标准，如表 4-11 所示。

表 4-11 土壤有机质评价指标分级、赋分标准

分级	分值	描述
1 级	100	≥40 g/kg
2 级	80	30～40 g/kg
3 级	60	20～30 g/kg
4 级	40	10～20 g/kg
5 级	20	6～10 g/kg
6 级	10	<6 g/kg

11. 土壤养分

土壤养分评价指标分级、赋分标准，如表 4-12 至表 4-14 所示。

表 4-12 土壤氮、磷、钾评价指标分级、赋分标准

指标	等级	1 级	2 级	3 级	4 级	5 级
	含义/得分	丰富 100	较丰富 90	中等 70	较缺乏 50	缺乏 30
全氮	/(g/kg)	>2	1.5～2	1～1.5	0.75～1	≤0.75
全磷[a]		>1	0.6～1	0.6～0.8	0.4～0.6	≤0.4
全钾[a]		>25	20～25	15～20	10～15	≤10
碱解氮	/(mg/kg)	>150	120～150	90～120	60～90	≤60
速效磷		>20	15.0～20.0	10.0～15.0	5.0～10.0	≤5
速效钾		>200	150～200	100～150	50～100	≤50

注：a 全磷、全钾是指单质磷和单质钾。

表 4-13 土壤单指标养分等级划分

等级	1级	2级	3级	4级	5级
K_i	100	90	70	50	30
含义	丰富	较丰富	中等	较缺乏	缺乏

表 4-14 土壤养分综合等级划分级得分

等级	1级	2级	3级	4级	5级
含义	丰富	较丰富	中等	较缺乏	缺乏
$C_{养综}$	$C_{养综} \geqslant 90$	$90 > C_{养综} \geqslant 75$	$75 > C_{养综} \geqslant 60$	$60 > C_{养综} \geqslant 45$	$C_{养综} < 45$
$K_{养综}$	100	90	70	50	30

12. 土壤盐分

土壤盐分评价指标分级、赋分标准，如表 4-15 所示。

表 4-15 土壤盐分评价指标分级、赋分标准

分级	分值	描述
1级	100	表层土壤含盐量<0.1%(易溶盐以苏打为主)或<0.2%(易溶盐以氯化物为主)或<0.3%(易溶盐以硫酸盐为主)
2级	90	表层土壤含盐量0.1%～0.3%(易溶盐以苏打为主)或0.2%～0.4%(易溶盐以氯化物为主)或0.3%～0.5%(易溶盐以硫酸盐为主)
3级	70	土壤含盐量0.3%～0.5%(易溶盐以苏打为主)或0.4%～0.6%(易溶盐以氯化物为主)或0.5%～0.7%(易溶盐以硫酸盐为主)
4级	40	表层土壤含盐量≥0.5%(易溶盐以苏打为主)或≥0.6%(易溶盐以氯化物为主)或≥0.7%(易溶盐以硫酸盐为主)

13. 土壤酸碱度

土壤酸碱度评价指标分级、赋分标准，如表 4-16 所示。

表 4-16 土壤酸碱度评价指标分级、赋分标准

分级	分值	描述
1级	100	6.0～7.9
2级	90	5.5～6.0 7.9～8.5
3级	80	5.0～5.5 8.5～9.0

续表 4-16

分级	分值	描述
4 级	60	4.5～5.0
5 级	30	<4.5 9.0～9.5
6 级	10	≥9.5

14. 耕层砾石含量

耕层砾石含量评价指标分级、赋分标准，如表 4-17 所示。

表 4-17 耕层砾石含量评价指标分级、赋分标准

分级	分值	描述
1 级	100	非砾质土，土壤颗粒组成中大于 2 mm 的石砾含量<1%
2 级	70	砾质土，土壤颗粒组成中大于 2 mm 的石砾含量为 1%～30%
3 级	50	轻砾石土，土壤颗粒组成中大于 2 mm 的石砾含量为 30%～50%
4 级	30	中砾石土，土壤颗粒组成中大于 2 mm 的石砾含量为 50%～70%
5 级	10	重砾石土，土壤颗粒组成中大于 2 mm 的石砾含量>70%

15. 黑土层厚度

黑土层厚度评价指标分级、赋分标准，如表 4-18 所示。

表 4-18 黑土层厚度评价指标分级、赋分标准

分级	分值	描述
1 级	100	≥50 cm
2 级	90	30～50 cm
3 级	70	10～30 cm
4 级	40	<10 cm

16. 灌溉保证率

灌溉保证率评价指标分级、赋分标准，如表 4-19 所示。

表 4-19 灌溉保证率评价指标分级、赋分标准

分级	分值	描述
1 级	100	充分满足，包括水田、菜地和可随时灌溉的水浇地
2 级	90	基本满足，有良好的灌溉系统，在关键需水生长季节有灌溉保证的水浇地
3 级	70	一般满足，有灌溉系统，但在大旱年不能保证灌溉的水浇地
4 级	40	无灌溉条件，包括旱地与望天田

17. 排水条件(洪涝脆弱性)

排水条件(洪涝脆弱性)评价指标分级、赋分标准,如表4-20所示。

表4-20　排水条件(洪涝脆弱性)评价指标分级、赋分标准

分级	分值	描述
1级	100	有健全的干、支、斗、农排水沟道(包括抽排),无洪涝灾害
2级	90	排水体系(包括抽排)基本健全,丰水年暴雨后有短期洪涝发生(田面积水1～2 d)
3级	70	排水体系(包括抽排)一般,丰水年大雨后有洪涝发生(田面积水2～3 d)
4级	40	无排水体系(包括抽排),一般年份在大雨后发生洪涝(田面积水≥3 d)

18. 田块状况(整齐、平整度)

田块状况单项指标分级、赋分标准,如表4-21a、表4-21b所示。

表4-21a　田块状况单项指标分级、赋分标准

分级	分值	描述
1级	100	≤1,田块形状规整
2级	80	1～2,田块形状较规整
3级	60	2～3,田块形状较复杂,较不规整
4级	40	>3,田块形状复杂,不规整

表4-21b　田块状况综合指标分级、赋分标准

分级	分值	描述
1级	100	田块形状规整,平整度程好,完全满足农业机械化和规模化经营要求
2级	90	田块较规整、平整度程好,满足农业机械化和规模化经营要求
3级	70	田块较规整,平整程度较好,基本满足农业机械化和规模化经营要求
4级	40	田块规整性差,平整程度差,不能满足农业机械化和规模化经营要求

19. 田间通达度

田间通达度指标分级、赋分标准,如表4-22所示。

表4-22　田间通达度指标分级、赋分标准

分级	分值	描述
1级	100	通达度高,田块连片性良好,完全满足农业机械化和规模化经营要求
2级	80	通达度较好,田块连片性较好,满足农业机械化和规模化经营要求
3级	60	通达度一般,田块连片性一般,基本满足农业机械化和规模化经营要求
4级	40	通达度差,田块连片性较差,难以满足农业机械化和规模化经营要求

注:采用自然断点法分为4级。

20. 梯田化水平

梯田化水平评价指标分级、赋分标准，如表 4-23 所示。

表 4-23 梯田化水平评价指标分级、赋分标准

分级	分值	描述
1 级	100	条田和水平梯田
2 级	80	没有灌溉条件的水平或缓坡梯田、条田，土壤熟化时间 5 年以上
3 级	60	新修梯田或坡耕地
4 级	40	坡耕地

4.2.2 耕地环境质量指标的分级

1. 土壤重金属元素

土壤的安全性水平分为无污染、低污染、中度污染和高污染 4 级，划分依据按照表 4-24 执行。

表 4-24 依据土壤重金属的安全等级划分

等级	划分依据 点位最大指数	土壤安全水平
1 级	$P_{i\max} \leqslant 1$	无污染
2 级	$1 < P_{i\max} \leqslant 2$	低污染
3 级	$2 < P_{i\max} \leqslant 3$	中度污染
4 级	$P_{i\max} > 3$	高污染

资料来源：农业部办公厅关于印发《全国农产品产地重金属安全评估技术规定》的通知。

2. 农药残留

《土壤环境质量标准 GB 15616—1995》将六六六、滴滴涕含量划分为 3 级：1 级≤0.05 mg/kg，2 级≤0.50 mg/kg，3 级≤1.0 mg/kg。《农用地土壤环境质量标准 GB 15616—2016（三次征求意见稿）》调整六六六总量和滴滴涕总量的含量限值为 0.10 mg/kg。一般将土壤农药残留分为 4 级水平：无农药残留＜0.1 mg/kg，低农药残留 0.1～0.3 mg/kg，中度农药残留 0.3～1.0 mg/kg，高农药残留＞1.0 mg/kg。

3.农田地膜残留量

《农田地膜残留量限值及测定(GB/T 25413—2010)》规定待播农田耕层内的地膜残留量限值应不大于 75.0 kg/hm^2。根据农业部调查结果,目前,农膜残留量一般为 60～90 kg/hm^2,最高可达到 165 kg/hm^2,地膜残留量随着使用年限增加而增加(刘青松,2003;严昌荣等,2006)。

全国不同区域和不同土地利用类型的地膜残留量存在一定差异,李治国等(2015)对黑龙江、辽宁、北京、天津等省市的 10 多个地县的调查,1 hm^2 农田使用的农膜量约为 150 kg,残膜量 1 年为 64.5～105.6 kg/hm^2,2 年为 26.8 kg/hm^2,3 年为 44.1 kg/hm^2。杨彦明等(2010)分析内蒙古全区 10 个盟市 15 个试验点的地膜残留量变化在 0.01～2.40 kg/亩,马辉等(2008)统计华北典型农区的棉田地膜平均残留量在 59.1～103.4 kg/hm^{2}之间。刘祥雷等(2000)1991—1999 年对山东莒南县 581 块盖膜农田实施持续调查发现,地膜残留最多的地块为 3.86 kg/亩,最少地块为 0.27 kg/亩;年平均地膜残留最高为 1.59 kg/亩,最低为 1 kg/亩,9 年加权平均地膜残留量为 1.26 kg/亩。李秋洪(1997)在湖北调查,当玉米田地膜投入量为 45 kg/hm^{2}时,连续使用 1～8 年的残膜量由 26.55 kg/hm^{2}增加至 81.6 kg/hm^2,平均每年增加残留量达 10.76 kg/hm^2;花生田地膜投入量为 105 kg/hm^{2}时,连续使用 5 年的平均年残留量为 28.02 kg/hm^2。

据新疆农业资源与环境保护站 2006 年对全疆 9.8 万 hm^{2}农田地膜残留情况的抽样调查,全疆废旧地膜平均残留量 70.20 kg/hm^2。其中,棉花地废旧地膜平均残留量 85.95 kg/hm^2,玉米地废旧地膜平均残留量 50.85 kg/hm^2,瓜地废旧地膜平均残留量 37.65 kg/hm^2,蔬菜地废旧地膜平均残留量 35.25 kg/hm^2,小麦地废旧地膜平均残留量 29.85 kg/hm^2(张江华等,2010)。王序俭等(2013)调查发现新疆兵团棉田土壤中地膜残留量平均值达(261.1±117.8)kg/hm^2,其中,南疆植棉区地膜残留量的平均值为(184.5±92.7)kg/hm^2,北疆为(282.3±116.3)kg/hm^2。

综上所述,将农田地膜残留量划分为 5 级,如表 4-25 所示。

表 4-25 农田地膜残留量分级标准

级别	1 级	2 级	3 级	4 级	5 级
农田地膜残留量/(kg/hm^2)	≤15	(15,45]	(45,75]	(75,105]	>105

4. 土壤侵蚀分级

表 4-26 是土壤水力侵蚀模数的强度分级标准，表 4-27 是土壤风力侵蚀模数的强度分级标准。

表 4-26 水力侵蚀的强度分级 t/(km² · 年)

级别	微度	轻度	中度	强烈	极强烈	剧烈
平均侵蚀模数	≤200 ≤500 ≤1 000	(200，2 500] (500，2 500] (1 000，2 500]	(2 500～5 000]	(5 000～8 000]	(8 000～15 000]	>15 000

资料来源:《土壤侵蚀分类分级标准(SL 190—2007)》。本表"微度"级别视不同水力侵蚀类型区而不同,其中,西北黄土高原区的容许土壤流失量为 1 000 t/(km² · 年),南方红壤丘陵区和西南土石山区为 500 t/(km² · 年),东北黑土区和北方土石山区为 200 t/(km² · 年)。"轻度"与"微度"级别有对应关系。

表 4-27 风力侵蚀的强度等级 t/(km² · 年)

级别	微度	轻度	中度	强烈	极强烈	剧烈
平均侵蚀模数	≤200	(200～2 500)	(2 500～5 000]	(5 000～8 000]	(8 000～15 000]	>15 000

资料来源:①土壤侵蚀分类分级标准(SL 190—2007);②日平均风速不小于 5 m/s、全年累计 30 d 以上,且多年平均降水小于 300 mm 的沙质土壤地区是风力侵蚀区;南方及沿海风蚀区,如江西鄱阳湖滨海地区、福建东山地区等也是风蚀区。目前,冻融侵蚀没有强度分级标准,根据土壤发生和成土过程的不同,进行侵蚀程度分级:当有明显的土壤发生层时,参考表 4-28 的规定执行;当侵蚀土壤系由母质甚至母岩直接风化发育的新成土(无法划分 A 层、B 层)、且缺乏完整的土壤发生层剖面进行对比时,按活土层残存情况侵蚀的程度划分阈值等级,如表 4-29 所示。

表 4-28 按土壤发生层的土壤侵蚀程度分级

级别	无明显侵蚀	轻度侵蚀	中度侵蚀	强烈侵蚀	剧烈侵蚀
指标	A、B、C 3 层剖面保持完整	A 层保留厚度大于 1/2,B、C 层完整	A 层保留厚度大于 1/3,B、C 层完整	A 层无保留,B 层开始裸露,C 层完整	A、B 层全部剥蚀,C 层出露,受到剥蚀

资料来源:土壤侵蚀分类分级标准 SL 190—2007。

表 4-29 按活土层的侵蚀程度分级

级别	无明显侵蚀	轻度侵蚀	中度侵蚀	强烈侵蚀	剧烈侵蚀
指标	活土层完整	活土层小部分被蚀	活土层厚度 50%以上被蚀	活土层全部被蚀	母质层部分被蚀

资料来源:土壤侵蚀分类分级标准 SL 190—2007。

5. 总氮

基于我国地下水质量状况和人体健康风险目标，参照农业用水质量要求及各地采样获取的硝酸盐的含量高低，地下水质量标准（GB/T 14846—2017）将地下水质量分为 5 类，如表 4-30 所示。

表 4-30　地下水硝酸盐氮含量的分级标准

毒理学指标	Ⅰ类	Ⅱ类	Ⅲ类	Ⅳ类	Ⅴ类
氨氮（以 N 计）/（mg/L）	≤0.02	≤0.10	≤0.50	≤1.50	>1.50
硝酸盐（以 N 计）/（mg/L）	≤2.0	≤5.0	≤20.0	≤30.0	>30.0
亚硝酸盐（以 N 计）/（mg/L）	≤0.01	≤0.10	≤1.00	≤4.80	>4.80

6. 总磷

目前，我国地下水水质标准中还没有磷酸盐含量这一指标，表 4-31 是借鉴我国地表水体（湖、库）中磷酸盐含量的水质标准，作为浅层地下水中磷酸盐含量的分级标准。

表 4-31　地下水总磷含量的分级标准

水质分类	Ⅰ类	Ⅱ类	Ⅲ类	Ⅳ类	Ⅴ类
总磷（以 P 计）/（mg/L）	湖、库≤0.01	湖、库≤0.025	湖、库≤0.05	湖、库≤0.1	湖、库≤0.2

资料来源：《地表水环境质量标准 GB 3836—2002》总磷（湖、库）含量的标准限值。

7. 大气氮沉降

英国洛桑试验站长达 154 年（1843—1997 年）的观测结果表明，沉降到冬小麦上的氮从 1843 年 10 t/（km^2 · 年）增长到 1998 年 45 t/（km^2 · 年）（Goulding 等，1998）。在人口密集、工业发达的德国中部地区，通过 15N 同位素稀释法，1994—2000 年，连续 7 年测得大气干湿沉降氮的数量高达（64±11）kg/（hm^2 · 年）（Russow 等，2001）。欧洲氮饱和试验（NITREX）和欧洲森林生态系统实验操作（EXMAN）观测研究发现，欧洲一些工业比较发达的地区，年均氮沉降已经超过 25 kg（N）/hm^2（Sparks 等，2008）。

近年来，我国也开展了许多有关大气氮沉降对生态系统的研究。刘学军等（2009）基于改革开放后 20 年的数据分析得出，中国年平均大气氮沉降由 1980 年的 13.2 t/（km^2 · 年）上升到 2000 年的 21.1 t/（km^2 · 年），增加了近

60%。王磊等(2016)的分析表明,近30年(1980—2010年)全国的大气(湿)氮沉降平均值由11.11 t/(km^2·年)上升到13.87 t/(km^2·年),增加了近25%;大气氮干沉降2005—2014年的全国模拟年输入总量为7.78 t/(km^2·年);区域大气湿沉降中的可溶性氮的年平均沉降量为13.69 t/(km^2·年)。沈善敏(2002)在16个试验点观测到由降水带入农田的氮量为每年4~23 kg/hm^2,李生秀(1993)1990—1991年在黄土旱塬地区测得每年通过降水向土壤输入的氮量为14.3~29.7 kg(N)/hm^2。

华北平原北京、河北、山东三地的大气氮干湿沉降15~50 t/(km^2·年)(Zhang 等,2008),河北吴桥、曲周为14.0~83.8 t/(km^2·年)(He 等,2007),陕西杨凌、洛川为12.7~20.6 t/(km^2·年)(王志辉 等,2008);2006—2009年黄淮海平原大气氮素湿沉降为40.32 t/(km^2·年)(Huang 等,2011),西藏林芝为1.33~3.05 t/(km^2·年)(贾钧彦 等,2009),黑龙江三江平原沼泽湿地为7.57 t/(km^2·年)(孙志高 等,2007),长江三角洲南京、常熟、杭州为22.7~30.9 kg/(hm^2·年)(谢迎新 等,2008;Xie 等,2008),陕西关中为6.3~26.6 t/(km^2·年)(李世清 等,1999);北京近郊农田NH_3和NO_2的大气氮干沉降为15~16 t/(km^2·年)(沈健林 等,2008)。

杭州北里湖大气总沉降的入湖TN量为45.04 kg/hm^2,以湿沉降为主,其中,夏季(6—8月)最高月的湿沉降通量为4.60 kg/hm^2(朱炫 等,2015)。江苏太湖地区为17.13~36.52 t/(km^2·年)(宋玉芝 等,2005),太湖地区常熟、无锡2座城市的为26.3~27.9 t/(km^2·年)(Xie 等,2008),长江流域为4.9~18.2 t/(km^2·年)(晏维金 等,2001),九龙江流域为3.41~7.63 t/(km^2·年)(陈能汪 等,2006)。

一般认为,当无机氮沉降量在一定范围内时,大部分氮被保留在生态系统中,氮25 kg/hm^2通常被认为是氮饱和临界点,超过这一数值,氮输出量就会明显增加(Aber 等,1998)。

基于众多学者的研究,依据大气氮素干湿沉降物沉降年通量及其对土壤环境可能造成的危害,划分出大气氮沉降的环境地球化学等级,如表4-32所示。

表 4-32　依据干湿沉降物年沉降通量划分的大气氮沉降分级标准

级别	优质	良好	中等	差等
大气氮沉降年沉降通量/[t/(km² · 年)]	≤15	15～25	25～35	>35

8. 酸雨率

关于酸雨分级，目前我国没有统一的标准。西方发达国家多将降水 pH ≤4.6 作为确定受控对象的指标。赵艳霞等(2006)将 pH<4.5 的降水称为强酸性降水或强酸雨，pH≥4.5 且<5.6 的降水称为弱酸性降水或弱酸雨，pH≥5.6 的降水称为非酸性降水或非酸雨。

本体系将酸雨率分为 3 级：年均降水 pH 高于 5.60，酸雨率 0～20%，为非酸雨区；pH 在 4.60～5.60，酸雨率 20%～70%，为弱酸雨区；pH 小于 4.60，酸雨率 70%～100%，为强酸雨区。

9. 蚯蚓数量和弹尾目丰度

(1)蚯蚓数量分级　蚯蚓在土壤中的数量随地区、土壤、季节和有机物质的改变而变化。农地一般每亩有 1 万～3 万条，肥沃地可达 3 万～4 万条，菜园地可达 3 万～12 万条(蒋剑敏，1985)。蔡金娟(2004)对美国北达科他州有蚯蚓存在的采样小区的研究发现，7 个含蚯蚓数量很少的样点的成虫数量为(64 000±39 000)条/hm^2。Römbke(1997)调查发现，德国肥沃草地土壤(pH<5.5)平均每平方米有蚓类(41.400±20.200)条。考虑到我国蚯蚓数量相对偏少，将土壤蚯蚓丰度指标分为 5 级，如表 4-33 所示。

表 4-33　土壤蚯蚓的分级标准

级别	1 级	2 级	3 级	4 级	5 级
土壤蚯蚓丰度/(条/m^2)	>20.0	(15.0～20.0]	(10.0～15.0]	(5.0～10.0]	≤5.0

(2)弹尾目丰度分级　弹尾目的集居密度差异较大，曾有人在 1 mile (1 mile=0.404 69 hm^2)草地的表面至地下 9 in(1 in=2.54 cm)深的范围内发现了两亿三千万个弹尾目。欧盟 8 块样地的研究指出，不同地块的草地和轮作地的跳虫丰度差异明显，从不足 10～200 多不等，而 3 块作物地的丰度均在 30～50 个/m^2(陈建秀 等，2007)。郑乐怡等(1999)指出弹尾目在农业土壤中的密度一般可达 102～104 个/m^2；程樟峰等(2015)对浙江清凉峰不同土壤

层中的弹尾虫群落的调查，45 个采样点（每个采样点面积为 10 cm×10 cm）共采集标本 1 552 头。由此，根据表 4-34 划分弹尾目丰度平均值的分级标准，农田土壤生物多样性的分级标准，如表 4-35 所示。

表 4-34　弹尾目丰度的分级标准

级别	1 级	2 级	3 级	4 级
弹尾目丰度/（个/ m^2）	＞5 000	（500～5 000]	（50～500]	≤50

注：农田生物多样性状况以蚯蚓和弹尾目丰度平均值的较高者计量，即在 1 块地中，若土壤蚯蚓数量被分为 3 级，弹尾目种群丰度被分为 2 级，则该块农田的生物多样性计为 2 级。

表 4-35　农田土壤生物多样性的分级标准

指标属性	指标	1 级	2 级	3 级	4 级	5 级
农田生物多样性	土壤蚯蚓丰度/（条/m^2）	＞20.0	（15～20]	（10～15]	（5～10]	≤5.0
	弹尾目丰度/（个/ m^2）	＞5 000	（500～5 000]	（50～500]	≤50	

5　耕地质量评价方法

5.1　基于障碍因子识别的耕地产能质量评价方法

耕地产能质量因子包含气候条件、地学条件、土壤性状和耕作条件4部分，参照前面已构建的耕地质量指标体系，实地测量或实验分析每一个耕地单元的各项指标。其中，气候条件、地学条件和土壤性状代表了耕地的固有属性，直接根据各指标状况确定其障碍程度(表5-1)；耕作条件在农业生产中作为可改良属性，通过等权重加权求和方法得到其综合分数后，根据表5-2确定其对应等级，最终根据各评价单元的障碍因子数量和程度以及耕作条件级别，综合划分成9个等级。其中，1级、2级、3级属于高等质量耕地，4级、5级、6级属于中等质量耕地，而7级、8级、9级即为低等质量耕地，3类耕地分别对应于通常所指的高产田、中产田、低产田。然后可根据障碍因子的类型和程度，实施相应的土地整治和建设规划，具体划分过程如下。

1.求算不同程度障碍因子的数量

根据气候、地学和土壤部分各指标得分，按照表5-1求得其对应的障碍因子等级，确定轻度、中度及重度障碍因子数量。

表5-1　障碍因子分级依据

分级	分值	描述
无障碍	(75, 100]	气候、地力及土壤条件优良，对农业生产不构成限制
轻度	(50, 75]	对农业生产有轻微限制，但几乎不影响正常生产，可通过当年适当投入或改良克服
中度	(25, 50]	对农业生产有一定限制，需要较高投入或改良措施才能克服
重度	(0, 25]	某些因子限制性极高，对农业生产有严重影响，改良难度很大

2.求算耕作条件得分及分级

通过等权重加权求和法求得耕作条件综合分数，并根据表5-2确定其对应等级。

$$T=i\times0.25+d\times0.25+f\times0.25+k\times0.25,$$

式中，T 为耕作条件综合得分；i 为灌溉保证率得分；d 为排水条件得分；f 为田块状况得分；k 为田间通达度得分。

表 5-2 耕作条件分级依据

分级	分值	描述
1 级	(85，100]	耕作条件优良，完全满足该种植制度的耕作要求
2 级	(70，85]	耕作条件有轻微不足，通过较少投入改良即可满足耕作需要
3 级	(55，70]	耕作条件不能满足生产需要，需要较高投入或改良措施才能克服
4 级	(40，55]	对生产有严重影响，必须通过土地整治工程才能克服

3. 耕地产能质量评价等级划分

根据各评价单元的障碍因子数量和程度以及耕作条件级别，按照以下方式综合划分成 9 个等级。

高等质量耕地：

$N_{轻}=0$ 且 $N_{中}=0$ 且 $N_{重}=0$ 且 $T=1$　　1 级

$N_{轻}=(1,2)$ 且 $N_{中}=0$ 且 $N_{重}=0$ 且 $T\geqslant2$　　2 级

或 $N_{轻}=0$ 且 $N_{中}=0$ 且 $N_{重}=0$ 且 $T=2$

$N_{轻}=3$ 且 $N_{中}=0$ 且 $N_{重}=0$ 且 $T\geqslant3$　　3 级

或 $N_{轻}=(1,2)$ 且 $N_{中}=0$ 且 $N_{重}=0$ 且 $T=3$

中等质量耕地：

$N_{轻}=3$ 且 $N_{中}=0$ 且 $N_{重}=0$ 且 $T\geqslant3$　　4 级

或 $N_{轻}=0$ 且 $N_{中}=1$ 且 $N_{重}=0$ 且 $T\geqslant3$

$N_{轻}=1$ 且 $N_{中}=1$ 且 $N_{重}=0$ 且 $T\geqslant4$　　5 级

或 $N_{中}=0$ 且 $N_{重}=0$ 且 $T=4$

或 $N_{轻}=0$ 且 $N_{中}=1$ 且 $N_{重}=0$ 且 $T=4$

$N_{轻}=2$ 且 $N_{中}=1$ 且 $N_{重}=0$ 且 $T\geqslant4$　　6 级

或 $N_{中}=2$ 且 $N_{重}=0$ 且 $T\geqslant4$

$$
\text{低等质量耕地}\begin{cases}N_{中}>2\ 且\ N_{重}=0\ 且\ T\geqslant 4 & 7\ 级\\ 或\ N_{中}=0\ 且\ N_{重}=1\ 且\ T\geqslant 4 & \\ N_{中}\geqslant 1\ 且\ N_{重}=1\ 且\ T\geqslant 4 & 8\ 级\\ 或\ N_{中}\leqslant 1\ 且\ N_{重}=2\ 且\ T\geqslant 4 & \\ N_{中}>1\ 且\ N_{重}=2\ 且\ T\geqslant 4 & 9\ 级\\ 或\ N_{重}>2\ 且\ T\geqslant 4 & \end{cases}
$$

式中，$N_{轻}$为轻度障碍因子数量；$N_{中}$为中度障碍因子数量；$N_{重}$为中度障碍因子数量；T为耕作条件等级。

4. 耕地产能质量划分

Ⅰ. 高产能质量耕地：几乎没有或只有轻度的障碍因子，耕作条件较好，通过当年的适度投入即可满足农业生产的需要。

1 等，无障碍因子，耕作条件为 1 级。

2 等，具有 1～2 种轻度障碍因子，耕作条件为 2 级或 1 级或无障碍因子，耕作条件为 2 级。

3 等，具有 3 种轻度障碍因子，耕作条件为 3 级、2 级或 1 级或具有 1～2 种轻度障碍因子，耕作条件为 3 级。

Ⅱ. 中产能质量耕地：有多种轻度障碍因子或至少 1 种中度障碍因子，耕作条件一般，需要通过较大投入或土地整治工程才能克服。

4 等，存在 3 种以上轻度障碍因子或存在 1 种中度障碍因子，耕作条件为 3 级、2 级或 1 级。

5 等，存在 1 种轻度障碍因子，并有 1 种中度障碍因子，耕作条件为 4 级、3 级、2 级或 1 级或仅具有轻度障碍因子，耕作条件为 4 级；或有 1 种中度障碍因子，耕作条件为 4 级。

6 等，存在 2 种及以上轻度障碍因子，并有 1 种中度障碍因子或同时存在 2 种中度障碍因子，耕作条件为 4 级、3 级、2 级或 1 级。

Ⅲ. 低产能质量耕地：有多种中度障碍因子或至少 1 种重度障碍因子，耕作条件较差，必须要通过土地整治工程才能克服。

7 等，存在多种中度障碍因子（2 种以上）或 1 种重度障碍因子，耕作条件为 4 级、3 级、2 级或 1 级。

8 等，存在 1 种及以上中度障碍因子，并有 1 种重度障碍因子或至多存在 1 种中度障碍因子，并有 2 种重度障碍因子，耕作条件为 4 级、3 级、2 级或 1 级。

9 等，存在 1 种以上中度障碍因子，并有 2 种重度障碍因子或同时存在 2 种以上重度障碍因子，耕作条件为 4 级、3 级、2 级或 1 级。

5. 耕地产能质量因子的评价方法

耕地质量因子：气候条件、地学条件、土壤性状和耕作条件的指标分级标，如表 5-3 至表 5-6 所示。

表 5-3 耕地质量气候条件指标分级标准

指标	分级	分值	描述
光温(气候)生产潜力指数	1 级	100	见表 6-1《光温生产潜力评价指标分级、赋分标准》
	2 级	80	
	3 级	60	
	4 级	40	
	5 级	20	

表 5-4 耕地质量地力条件指标分级标准

指标	分级	分值	描述	
地形部位	1 级	100	见表 4-3a 不同区域地形部位指标分级	
	2 级	90		
	3 级	70		
	4 级	40		
田面坡度	1 级	100	田面坡度≤2°	
	2 级	90	田面坡度 2°～10°	
	3 级	70	田面坡度 10°～15°	
	4 级	40	田面坡度>15°	
海拔高度			西南区	青海区
	1 级	100	≤1 600 m	≤1 500 m；内陆灌(漠)淤土 2 800～3 000 m
	2 级	90	1 600～2 000 m	1 500～2 000 m；内陆灌(漠)淤土 3 000～3 200 m
	3 级	70	≥2 000 m	2 000～2 500 m
	4 级	50		2 500～3 800 m
	5 级	30		>3 800 m

续表 5-4

指标	分级	分值	描述
地表岩石露头度	1 级	100	岩石露头<2%,不影响耕作
	2 级	90	岩石露头 2%～10%,露头之间的间距 35～100 m,已影响耕作
	3 级	70	岩石露头 10%～25%,露头之间的间距 10～35 m,影响机械化耕作
	4 级	40	岩石露头≥25%,露头之间的间距 3.5～10 m,影响小型机械耕作

表 5-5　耕地质量土壤性状指标分级标准

指标	分级	分值	描述
有效土层厚度	1 级	100	≥150 cm
	2 级	90	100～150 cm
	3 级	70	60～100 cm
	4 级	50	30～60 cm
	5 级	30	<30 cm
障碍层离地表深度	1 级	100	≥150 cm
	2 级	90	100～150 cm
	3 级	70	60～100 cm
	4 级	50	30～60 cm
	5 级	30	<30 cm
耕层质地	1 级	100	壤土包括苏联卡庆斯基制的沙壤、轻壤和中壤,1992 年全国土壤普查办公室制定的中国土壤质地试行分类中的壤土
	2 级	80	黏土包括苏联卡庆斯基制的黏土和重壤,1992 年全国土壤普查办公室制定的中国土壤质地试行分类中的沙土
	3 级	70	沙土包括苏联卡庆斯基制的紧沙土和松沙土,1992 年全国土壤普查办公室制定的中国土壤质地试行分类中的沙土
	4 级	40	砾质土,即按体积计,直径大于 1～3 mm 的砾石等粗碎屑含量大于 10%,包括苏联卡庆斯基制的强石质土,1992 年全国土壤普查办公室制定的多砾质土

续表 5-5

指标	分级	分值	描述
土壤容重	1 级	100	1～1.25 g/cm³ 适宜
	2 级	90	<1 g/cm³ 过松;1.25～1.35 g/cm³ 偏紧
	3 级	70	1.35～1.45 g/cm³ 紧实
	4 级	50	1.45～1.55 g/cm³ 过紧实
	5 级	30	>1.55 g/cm³ 坚实
有机质含量	1 级	100	≥40 g/kg
	2 级	80	30～40 g/kg
	3 级	60	20～30 g/kg
	4 级	40	10～20 g/kg
	5 级	20	6～10 g/kg
	6 级	10	<6 g/kg
土壤养分元素	1 级	100	$C_{养综} \geq 90$
	2 级	90	$90 > C_{养综} \geq 75$
	3 级	70	$75 > C_{养综} \geq 60$
	4 级	50	$60 > C_{养综} \geq 45$
	5 级	30	$C_{养综} < 45$
土壤盐分	1 级	100	表层土壤含盐量<0.1%(易溶盐以苏打为主)或<0.2%(易溶盐以氯化物为主)或<0.3%(易溶盐以硫酸盐为主)
	2 级	90	表层土壤含盐量 0.1%～0.3% (易溶盐以苏打为主)或 0.2%～0.4% (易溶盐以氯化物为主)或 0.3%～0.5%(易溶盐以硫酸盐为主)
	3 级	70	土壤含盐量 0.3%～0.5% (易溶盐以苏打为主)或 0.4%～0.6% (易溶盐以氯化物为主)或 0.5%～0.7%(易溶盐以硫酸盐为主)
	4 级	40	表层土壤含盐量≥0.5%(易溶盐以苏打为主)或≥0.6% (易溶盐以氯化物为主)或≥0.7%(易溶盐以硫酸盐为主)

续表 5-5

指标	分级	分值	描述
土壤酸碱度	1 级	100	6.0～7.9
	2 级	90	5.5～6.0,7.9～8.5
	3 级	80	5.0～5.5,8.5～9.0
	4 级	60	4.5～5.0
	5 级	30	<4.5,9.0～9.5
	6 级	10	≥9.5
耕层砾石含量	1 级	100	非砾质土,土壤颗粒组成中大于 2 mm 的石砾含量<1%
	2 级	70	砾质土,土壤颗粒组成中大于 2 mm 的石砾含量为 1%～30%
	3 级	50	轻砾石土,土壤颗粒组成中大于 2 mm 的石砾含量为 30%～50%
	4 级	30	中砾石土,土壤颗粒组成中大于 2 mm 的石砾含量为 50%～70%
	5 级	10	重砾石土,土壤颗粒组成中大于 2 mm 的石砾含量>70%
黑土层厚度	1 级	100	≥50 cm
	2 级	90	30～50 cm
	3 级	70	10～30 cm
	4 级	40	<10 cm

表 5-6　耕地质量耕作条件指标分级标准

指标及权重	分级	分值	描述
灌溉保证率(0.25)	1 级	100	充分满足,包括水田、菜地和可随时灌溉的水浇地
	2 级	90	基本满足,有良好的灌溉系统,在关键需水生长季节有灌溉保证的水浇地
	3 级	70	一般满足,有灌溉系统,但在大旱年不能保证灌溉的水浇地
	4 级	40	无灌溉条件,包括旱地与望天田

续表 5-6

指标及权重	分级	分值	描述
排水条件(0.25)	1 级	100	有健全的干、支、斗、农排水沟道(包括抽排),无洪涝灾害
	2 级	90	排水体系(包括抽排)基本健全,丰水年暴雨后有短期洪涝发生(田面积水 1~2 d)
	3 级	70	排水体系(包括抽排)一般,丰水年大雨后有洪涝发生(田面积水 2~3 d)
	4 级	40	无排水体系(包括抽排),一般年份在大雨后发生洪涝(田面积水≥3 d)
田块状况(0.25)	1 级	100	田块形状规整,平整度程好,完全满足农业机械化和规模化经营要求
	2 级	80	田块较规整,平整度程好,满足农业机械化和规模化经营要求
	3 级	60	田块较规整,平整程度较好,基本满足农业机械化和规模化经营要求
	4 级	40	田块规整性差,平整程度差,不能满足农业机械化和规模化经营要求
田间通达度(0.25)	1 级	100	通达度高,田块连片性良好,完全满足农业机械化和规模化经营要求
	2 级	80	通达度较好,田块连片性较好,满足农业机械化和规模化经营要求
	3 级	60	通达度一般,田块连片性一般,基本满足农业机械化和规模化经营要求
	4 级	40	通达度差,田块连片性较差,难以满足农业机械化和规模化经营要求

5.2 耕地环境质量评价方法

耕地环境质量评价指标体系包括土壤环境、水质环境、大气质量、生态质量 4 部分(表 5-7),参照表 5-7 确定的耕地环境质量指标,实地测量或实验分析得到每一个耕地单元的各项指标值。耕地环境质量评价一般采用综合指数法,也可以采用最小障碍因子法。

表 5-7 耕地环境质量指标分级标准

	指标属性	候选指标	分级	阈值
土壤环境	土壤重金属污染	土壤重金属点位最大指数	无污染	$P_{imax} \leqslant 1$
			低污染	$1 < P_{imax} \leqslant 2$
			中度污染	$2 < P_{imax} \leqslant 3$
			高污染	$P_{imax} > 3$
	农药残留	土壤农药残留量/(mg/kg)	无农药残留	≤0.10 mg/kg
			低农药残留	(0.10, 0.30]mg/kg
			中度农药残留	(0.30, 1.0]mg/kg
			高农药残留	>1.0 mg/kg
	农田地膜残留量	农田地膜残留量/(kg/hm²)	1 级	≤15
			2 级	(15, 45]
			3 级	(45, 75]
			4 级	(75,105]
			5 级	>105
	土壤侵蚀	水蚀平均侵蚀模数/[t/(km²·年)]	微度	≤200,≤500,≤1 000
			轻度	(200, 2 500],(500, 2 500],(1 000, 2 500]
			中度	(2 500, 5 000]
			强烈	(5 000, 8 000]
			极强烈	(8 000, 15 000]
			剧烈	>15 000
		风蚀平均侵蚀模数/[t/(km²·年)]	微度	≤200
			轻度	(200, 2 500]
			中度	(2 500, 5 000]
			强烈	(5 000, 8 000]
			极强烈	(8 000, 15 000]
			剧烈	>15 000

续表 5-7

	指标属性	候选指标		分级	阈值
土壤环境	土壤侵蚀	冻融侵蚀	当有明显的土壤发生层时	无明显侵蚀	A、B、C 3 层剖面保持完整
				轻度侵蚀	A 层保留厚度大于 1/2，B、C 层完整
				中度侵蚀	A 层保留厚度大于 1/3，B、C 层完整
				强烈侵蚀	A 层无保留，B 层开始裸露，C 层完整
				剧烈侵蚀	A、B 层全部剥蚀，C 层出露，受到剥蚀
			侵蚀土壤是由母质甚至母岩直接风化发育的新成土	无明显侵蚀	活土层完整
				轻度侵蚀	活土层小部分被蚀
				中度侵蚀	活土层厚度 50%以上被蚀
				强烈侵蚀	活土层全部被蚀
				剧烈侵蚀	母质层部分被蚀
水质环境	总氮	浅层地下水氨氮含量(以 N 计)/(mg/L)		Ⅰ级	≤0.02
				Ⅱ级	≤0.10
				Ⅲ级	≤0.50
				Ⅳ级	≤1.50
				Ⅴ级	>1.50
		浅层地下水硝酸盐含量(以 N 计)/(mg/L)		Ⅰ级	≤2.0
				Ⅱ级	≤5.0
				Ⅲ级	≤20.0
				Ⅳ级	≤30.0
				Ⅴ级	>30.0
		浅层地下水亚硝酸盐含量(以 N 计)/(mg/L)		Ⅰ级	≤0.01
				Ⅱ级	≤0.10
				Ⅲ级	≤1.00
				Ⅳ级	≤4.80
				Ⅴ级	>4.80

续表 5-7

	指标属性	候选指标	分级	阈值
水质环境	总磷	浅层地下水磷酸盐含量(以 P 计)/(mg/L)	Ⅰ级	≤0.01
			Ⅱ级	≤0.025
			Ⅲ级	≤0.05
			Ⅳ级	≤0.10
			Ⅴ级	≤0.20
大气质量	大气干湿沉降物	年大气氮沉降通量/[kg/(hm² · 年)]	优质	≤15
			良好	(15, 25]
			中等	(25, 35]
			差等	>35
		酸雨率/%	0~20	年均降水 pH>5.60
			20~70	年均降水 pH(4.60, 5.60]
			70~100	年均降水 pH≤4.60
生态质量	土壤生物多样性	土壤蚯蚓丰度/(条/m²)	1 级	>20.0
			2 级	(15.0, 20.0]
			3 级	(10.0, 15.0]
			4 级	(5.0, 10.0]
			5 级	≤5.0
		弹尾目丰度/(个/m²)	1 级	>5 000
			2 级	(500, 5 000]
			3 级	(50,-500]
			4 级	≤50

方法一:耕地环境质量评价综合指数法

首先,根据表 5-7 中候选指标的阈值,确定各指标每一分级的指标值(0~100),采用德尔菲法确定特定主题下所有指标的权重;其次,将同一主题下的指标值乘以权重,加权求和依次计算土壤环境指数、水质环境指数、大气质量指数和生态质量指数;最后,对 4 个部分的权重求和,计算得到耕地环境综合指数。

土壤重金属元素 As、Hg、Cr、Ni,水力侵蚀、风力侵蚀和冻融侵蚀以及酸雨发生概率是区域备选指标,计算时应根据所处地区实际情况,确定备选指标,如图 5-1 所示。

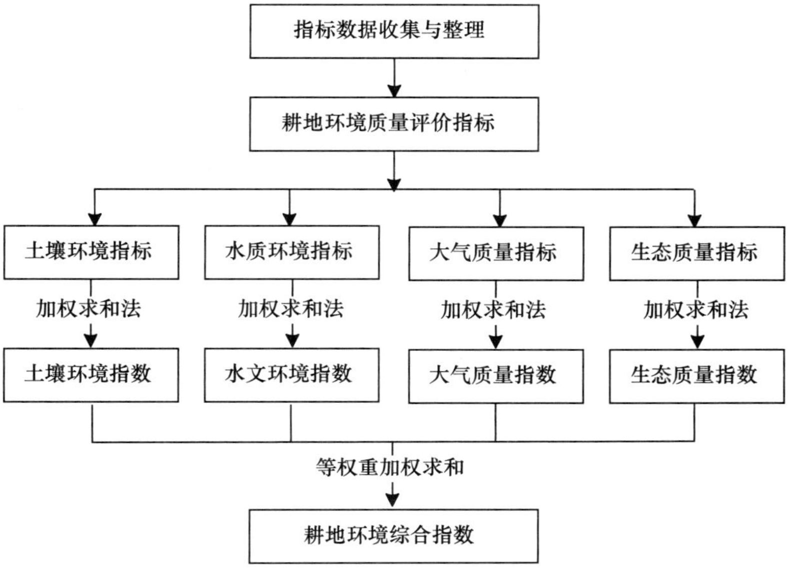

图 5-1　耕地环境质量评价综合指数法的计算过程

方法二:耕地环境质量评价最小障碍因子法

耕地环境质量评价也可以采用“最小障碍因子法”(图 5-2),首先,从候选

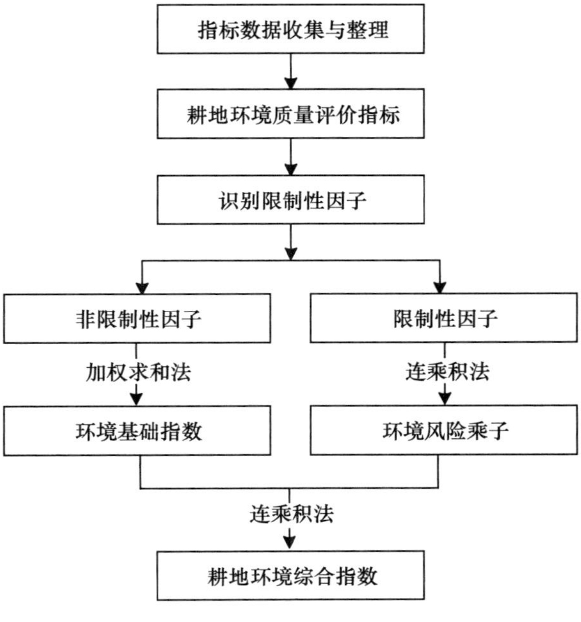

图 5-2　基于最小障碍因子法的耕地环境质量综合指数计算过程

指标中识别出限制性因子(包括土壤重金属点位最大指数和土壤侵蚀),并明确各限制性因子的限制等级以及对应的风险乘子;其次,等权重计算非限制性因子的加权平均值,记为环境基础指数;最后,取值最小的风险乘子为有效风险乘子,对环境基础指数进行修正,得到耕地环境质量指数。

6 陕西省彬县耕地质量评价应用

6.1 案例区基本概况

1. 地理位置

本研究的案例区位于陕西省咸阳市彬县义门镇，南与城关镇隔泾河相望，北与北极镇接壤，与甘肃省正宁县相通，东邻小章，西与长武县亭口镇相邻。

全镇辖行政村 27 个，151 个村民小组，村民人数为 34 749 人，8 758 户，共有总耕地面积 3 440.86 hm^2(2018 年)。

全镇工农业总产值 11 799×10^4元，其中农业总产值 9 193×10^4元，农民人均纯收入 2 175 元，年产水果 2.8×10^4 t，全镇年输出劳务人员 5 000 余人。全镇主要粮食作物有小麦、玉米、豆类、薯类等，还有大麦、高粱、糜子、谷子、荞麦、马铃薯、甘薯等。主要经济作物有苹果、梨、柿子、晋枣，还有油菜、西瓜、甜瓜、核桃、花椒等，蔬菜有萝卜、白菜、甘蓝、菠菜、葱、韭、蒜、黄瓜、茄子、葫芦、番茄、辣椒、菜豆、芹菜等。

2. 地形地貌

义门镇位于东经 107°52′～108°1′，北纬 35°04′～35°12′，在自然地理区划上属于渭北黄土高原残垣沟壑区，泾河自西而东斜贯。在漫长的地质地貌演化历史过程中，经流水冲刷和外营力剥蚀切割，发育成塬、梁、峁、沟等特有的黄土地貌，海拔 900～1 200 m。

东北塬梁沟壑区面积约 647.3 km^2，占全县面积的 54.70%。地势由东北向西南倾斜，平均坡降 5.50%。北极—新民塬，塬面较为平坦，塬边破碎，沟壑呈“V”字形，沟床下切，侵蚀严重。龙高—香庙塬，位于黄土平顶梁的末梢，塬面较为破碎。

西南丘陵沟壑区以黄土梁峁沟壑地貌为主，地形起伏较大，沟壑纵横，梁、峁、沟、坡、鞍微地貌俱全，形成独具特色的黄土梁峁沟壑自然景观。

泾河川道区地势由南北两侧向泾河倾斜，川道开阔平缓。分布有河漫滩、一级阶地、二级阶地。河漫滩高出河床 1～3 m，为近代河流冲积物，由砂砾石、卵石组成。一级阶地高出河床约 20 m，为侵蚀堆积阶地，上部为淤墡土，下部为砂石、卵石。二级阶地高出河床 120 m，地面为第四纪沉积物组成，其表层覆盖黄土，下部为中生代砂页岩和泥质砾岩。河谷底部已见基岩露出。

3. 地质

义门镇地处鄂尔多斯地台南缘，祁(连)、吕(梁)、贺(兰)“山”字形构造前弧东翼内侧，地台基地主要为古生代和中生代的沉积岩，自下而上依次为三叠系、侏罗系、白垩系，上部为第三系三趾马红土和第四纪风成黄土层，覆盖厚度 80～270 m，巨厚的黄土层使彬县的耕地表土层很厚。

4. 气候

义门镇属温带半干旱大陆性季风气候。春季升温缓慢，夏季热期短，秋季降温迅速，冬季寒冷。光能资源丰富，但热量不足。降水年内分配不均，年际变化较大。

年平均总辐射量塬面 466.99 kJ/cm^2。总辐射量一年中以 5—6 月最大，在 1 967.35 J/cm^2 以上，有利于夏熟作物生长发育；9—10 月较低，仅 1 004.6 J/cm^2，不利于秋粮成熟，各月、季辐射差异较大，对农业生产有明显影响。年平均日照时数塬面为 2 298.8 h，日照率 52.0%。

历年平均气温 9.7℃，1 月最冷，平均温度为－3.3℃，极端最低温度为－22.5℃。7 月最热，平均气温为 24.4℃，极端最高温度为 40.0℃。年较差 27.7℃，日较差 11.7℃，冷暖变化剧烈。全年≥10℃的活动积温，南部山区为 2 986.4℃，塬面区为 3 180.9℃，川道区为 3 638.5℃。一年一熟热量有余，一年二熟热量不足。

多年平均降水量 579.6 mm，秋末冬春少雨，夏季初秋多雨。降水的年际变化较大，雨量极不稳定，年内降水多集中在 5—9 月，占全年降水量的 53.8%，其余季节干旱少雨，降水量最少的 12 月，多年平均降水仅 3.5 mm。降水的不均匀性，使短期干旱频繁出现，同时汛期降水过于集中，是水土流失的主要原因，该区域耕地利用应避免水土流失。

5.水文

河川径流量由地表水和地下水两部分组成，总的补给来源是大气降水。流经彬县的河流有泾河、四郎河、红岩河、百子沟、三水河、磨子河、安华沟、水帘河、西沟、南沟、太峪河、孙家河。地表年平均径流深70～80 mm，年径流系数0.12～0.14。地下水补给河水的途径主要是潜水，通过泉水方式补给。由于地形破碎，塬高沟深，修建提水工程投资大、效益低，且塬面宜井灌区均属贫水区域，因此发展灌溉农业困难较大。

6.土壤

根据全国第二次土壤普查结果，共有黄土性土、黑垆土、淤土、红土4个土类。其中，黄土性土包括塬黄墡土、坡黄墡土、梯黄墡土、料姜黄墡土、林草黄墡土5个土种。主要分布在沟坡地上。质地中壤偏轻，团块状构造，疏松多孔，耕性良好，田间持水量大，适种范围广，是主要的农业土壤。但因土壤属性与成土母质相似，抗侵蚀能力差，水土流失严重。

黑垆土包括粘黑垆土、黄盖黏黑垆土、淋溶黑垆土、黄盖淋溶黑垆土、黑垆土型灰土5个土属。质地中壤或重壤，保水保肥，肥沃耐旱，适耕期长，宜种范围广，生产水平较高。

淤土包括淤土、淤沙土、淤墡土3个土属，10个土种。质地多为中壤，熟化层较厚，保水保肥，适种范围广。

红土包括红色土、红胶土、黄盖红胶土、灰胶土、二色土5个土属，8个土种。主要分布在沟谷下半部和南部山坡地带。质地黏重，通透性差，适耕期短，肥力低。

6.2 耕地产能质量评价

6.2.1 评价单元

本书义门镇耕地产能质量评价单元为2014年耕地图斑，共有2 428个，面积为3 440.86 hm^2。

6.2.2 评价指标体系

根据义门镇的实际情况及数据的可获取性，本次耕地产能质量评价选取4个1级指标，17个2级指标。评价指标体系及统计描述，如表6-1所示；部分指标空间分布图，如图6-1至图6-17所示。

表6-1 耕地产能质量评价指标体系及统计描述

1级指标	编号	2级指标	最小值	最大值
气候条件	X_1	光温(气候)生产潜力指数(—)	1 512.88	2 148.00
地学条件	X_2	地形部位(—)	河谷阶地、黄土塬、土石山地	
	X_3	田面坡度/°	0.1	0.3
	X_4	海拔高度/m	820	1 198
土壤性状	X_5	有效土层厚度/cm	29	120
	X_6	障碍层离地表深度/cm	100	100
	X_7	耕层质地(—)	壤土	
	X_8	土壤容重/(g/cm³)	0.24	1.33
	X_9	土壤有机质/(g/kg)	6	12
	X_{10}	土壤养分($C_{养综}$)(—)	集中在2级较丰富和3级中等	
	X_{11}	土壤盐分/%	0.09	0.12
	X_{12}	土壤酸碱度(pH)(—)	7.80	8.13
	X_{13}	耕层砾石含量(—)	非砾质土，土壤颗粒组成中大于2 mm的石砾含量<1%	
耕作条件	X_{14}	灌溉保证率(—)	4级，无灌溉条件(旱地与望天田)	
	X_{15}	排水条件(—)	3级，无排水体系(包括抽排)，一般年份在大雨后发生洪涝(田面积水≥3 d)	
	X_{16}	田块状况(AWMSI)(—)	1.02	5.94
	X_{17}	田间通达度(—)	4级	3级

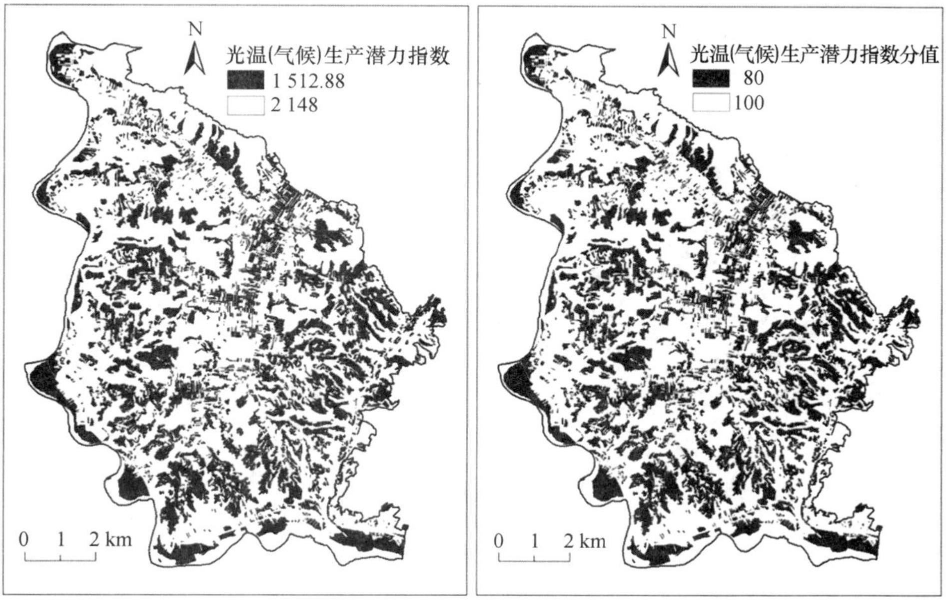

图 6-1 光温(气候)生产潜力指数

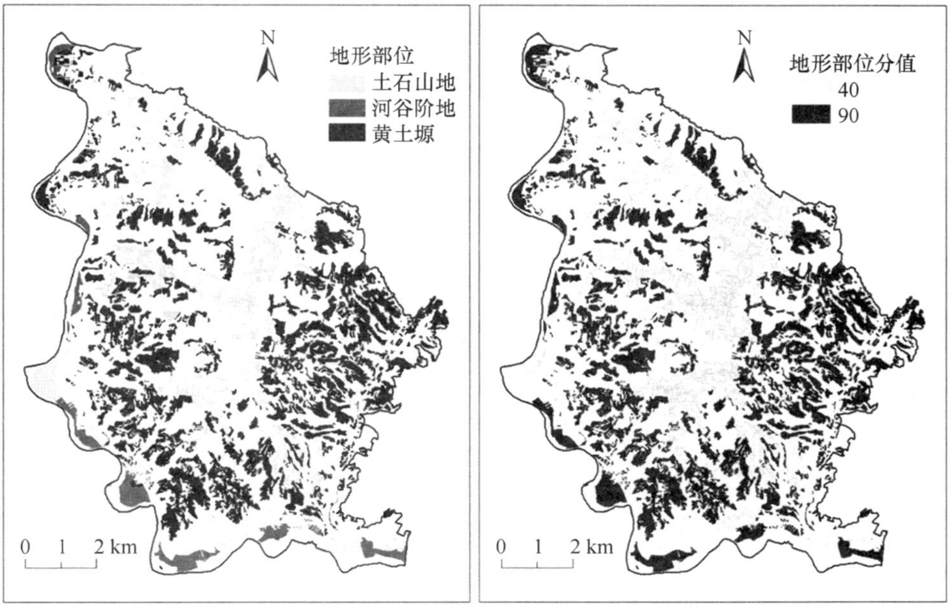

图 6-2 地形部位

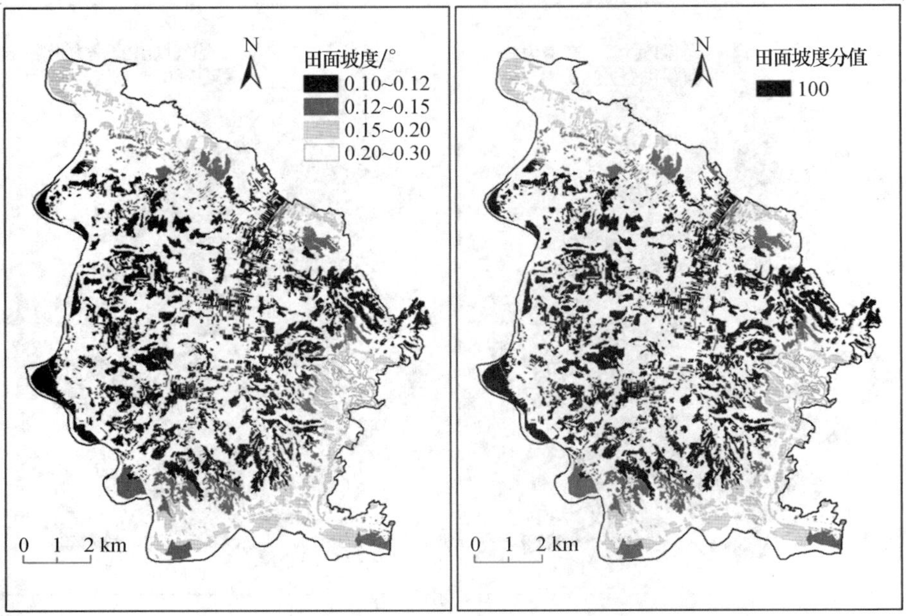

图 6-3 田面坡度

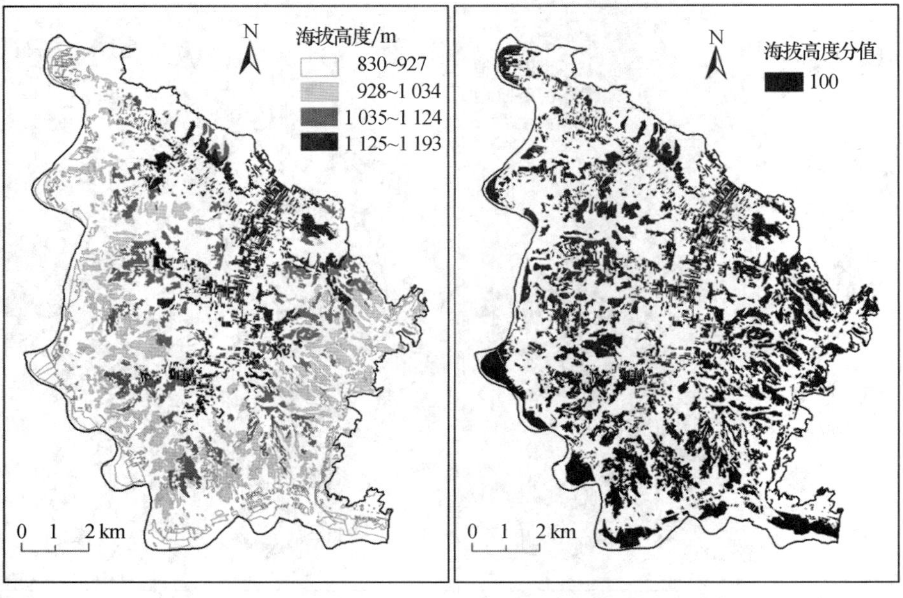

图 6-4 海拔高度

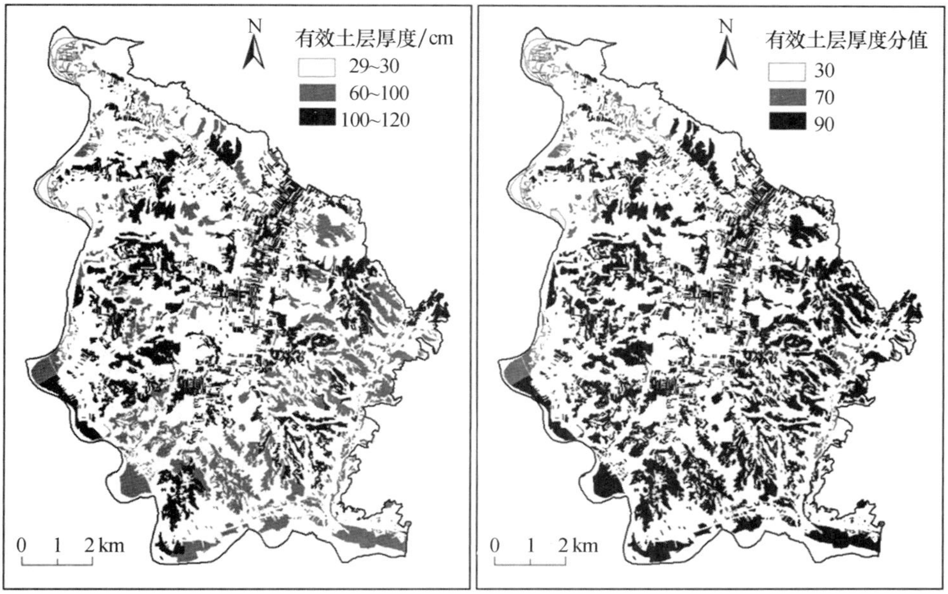

图 6-5 有效土层厚度

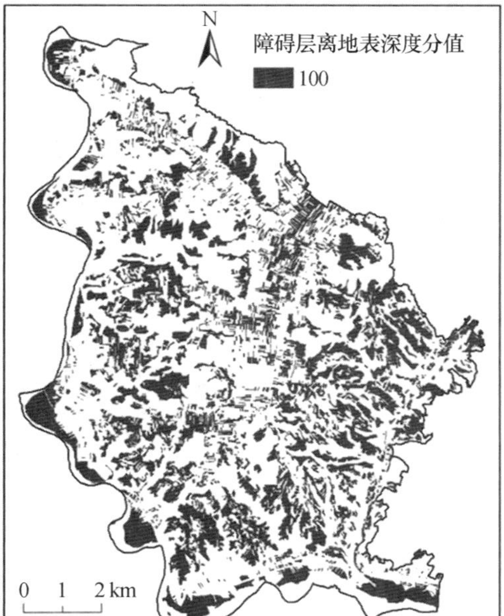

图 6-6 障碍层离地表深度

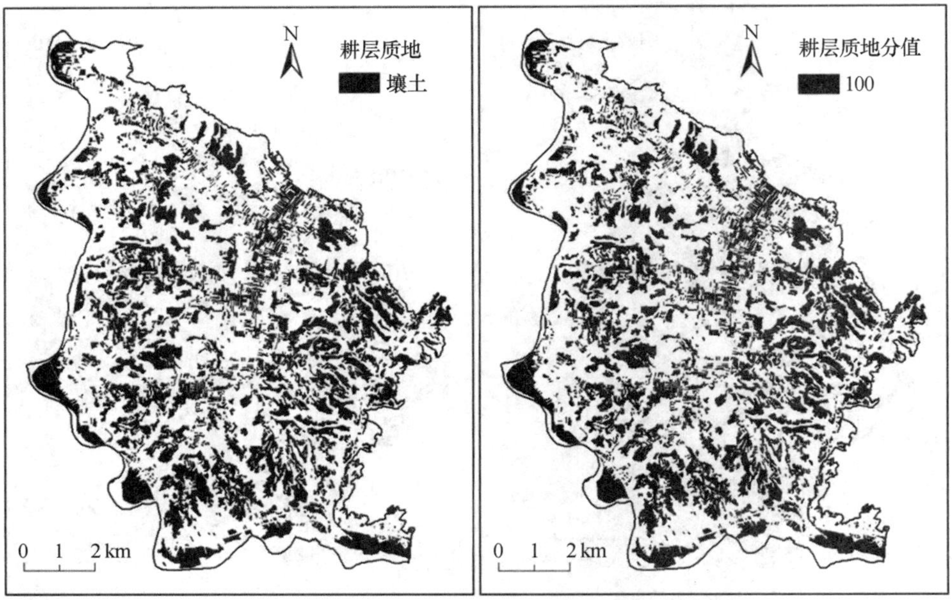

图 6-7 耕层质地

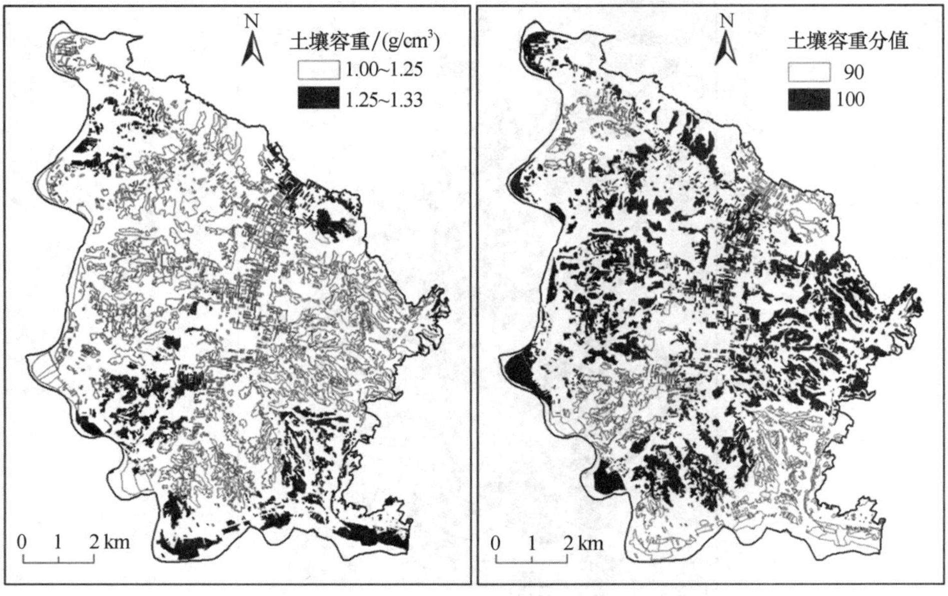

图 6-8 土壤容重

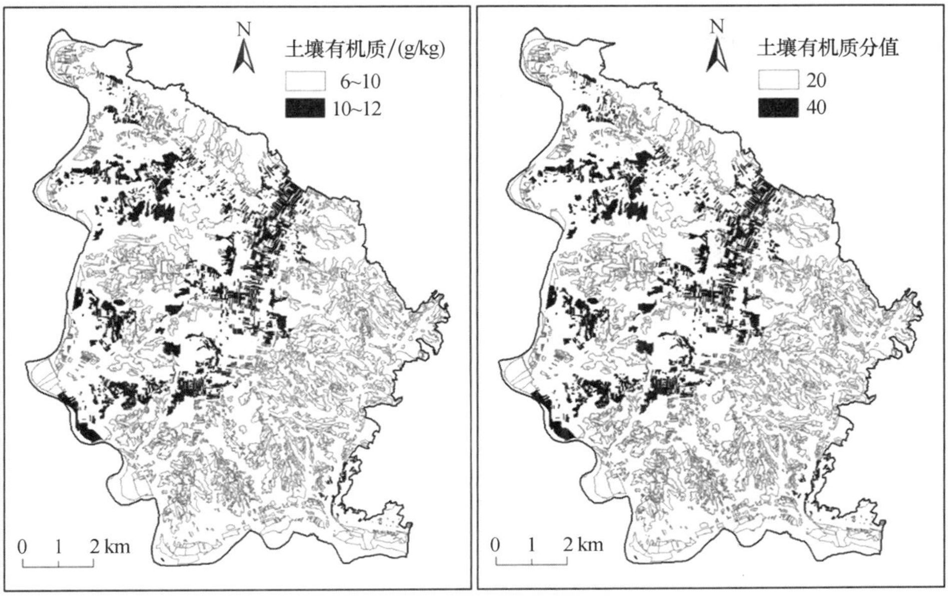

图 6-9 土壤有机质

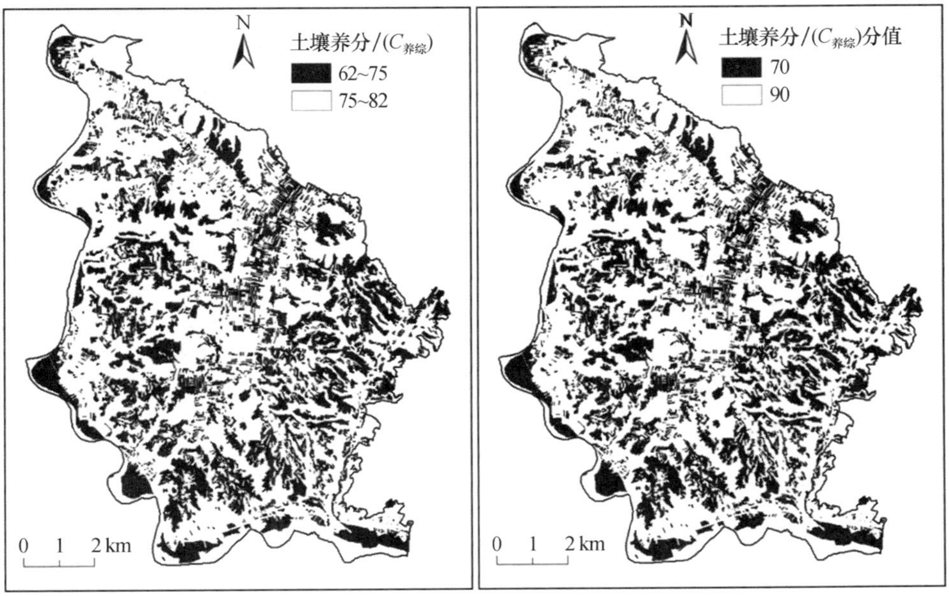

图 6-10 土壤养分($C_{养综}$)

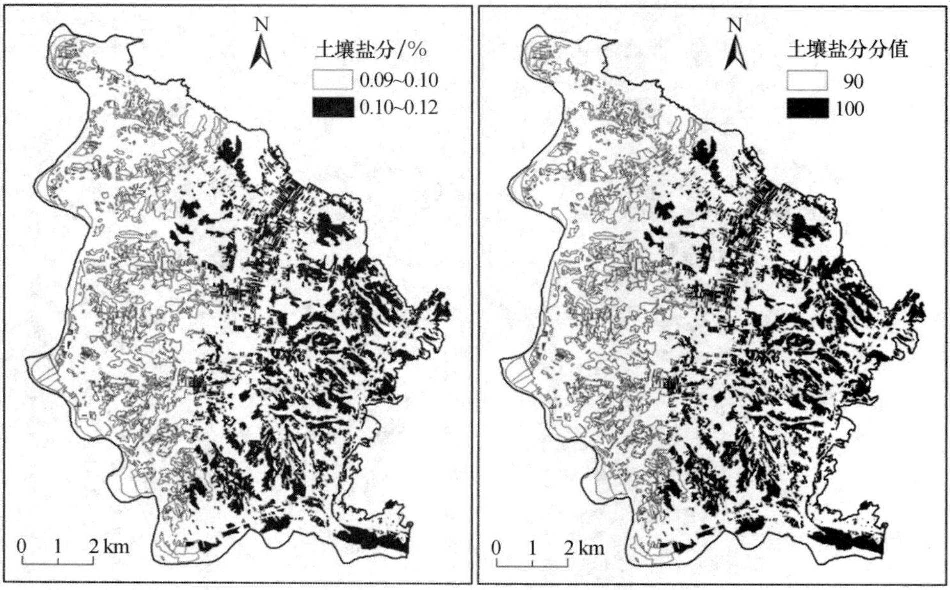

图 6-11 土壤盐分

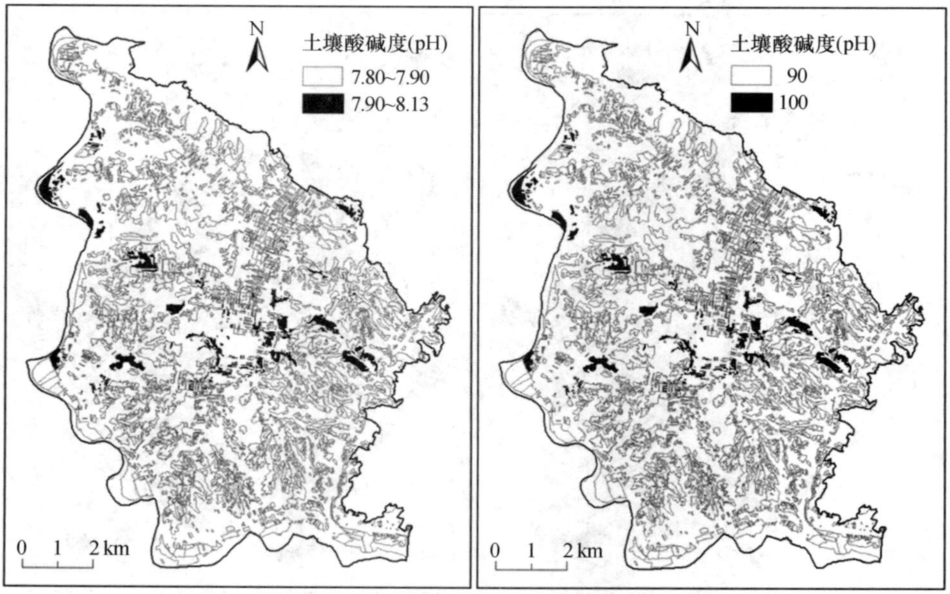

图 6-12 土壤酸碱度(pH)

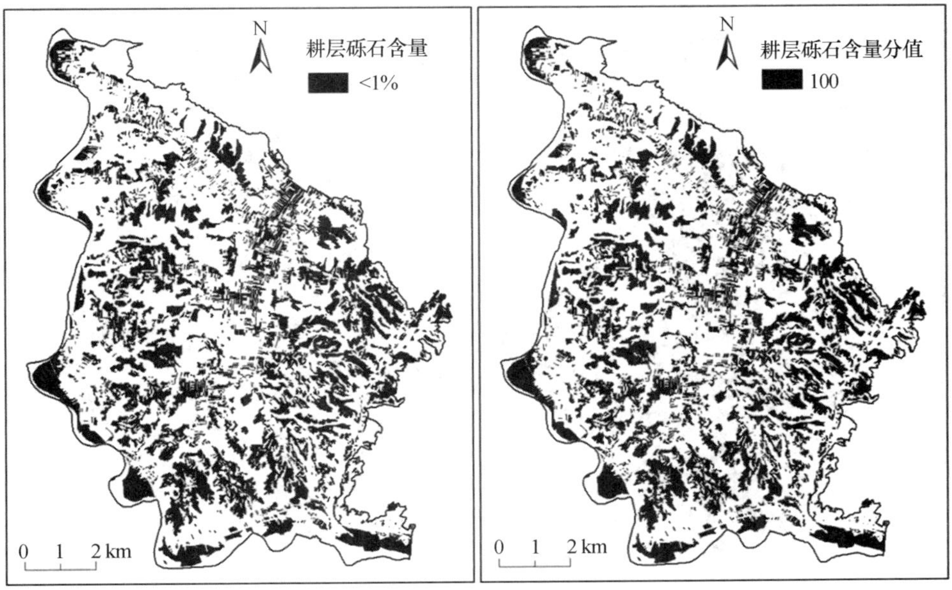

图 6-13 耕层砾石含量

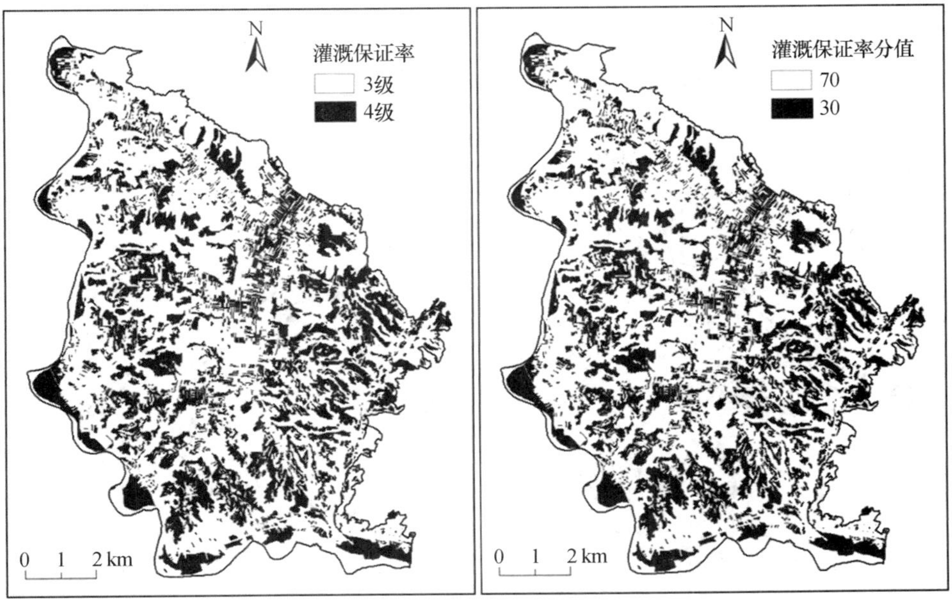

图 6-14 灌溉保证率

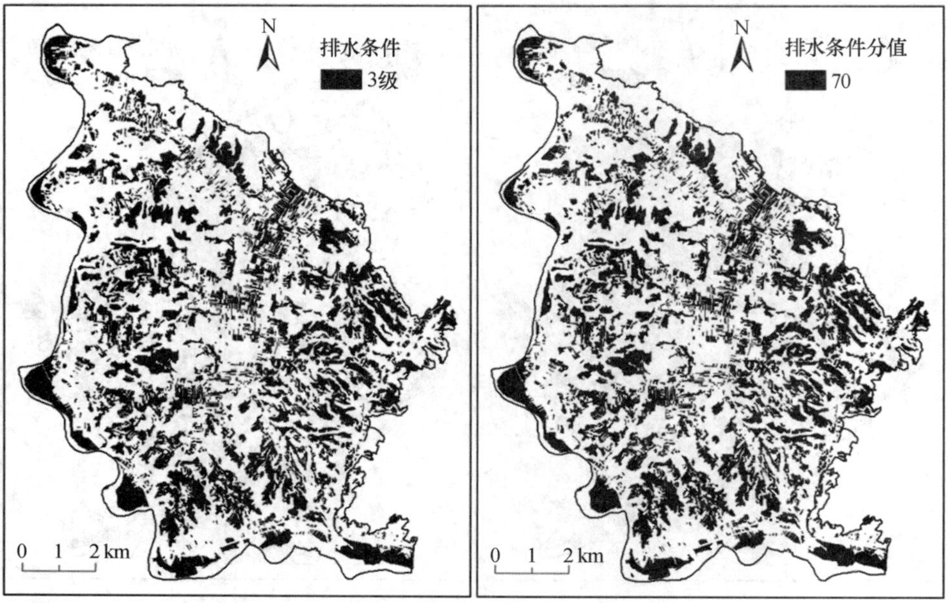

图 6-15　排水条件

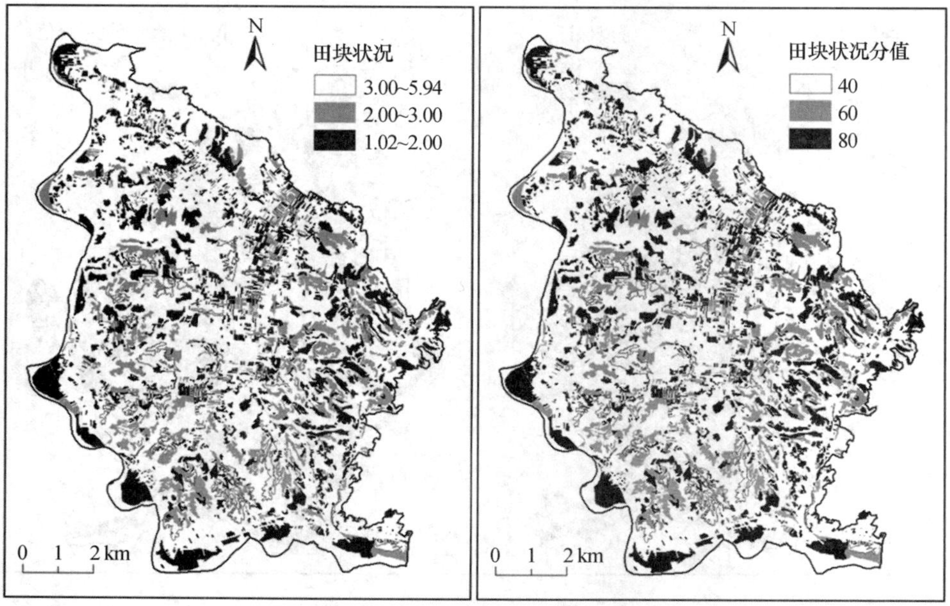

图 6-16　田块状况

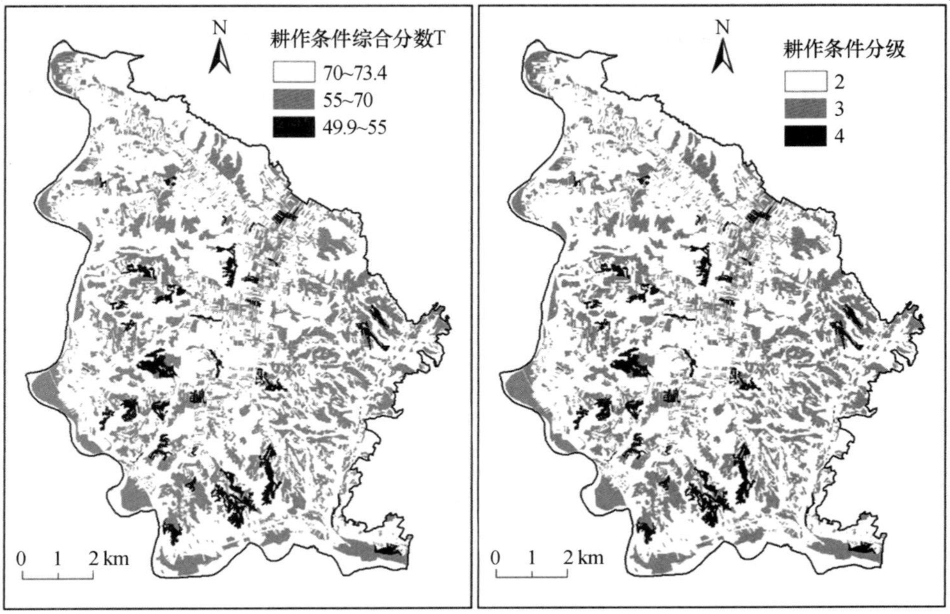

图 6-17 耕作条件

6.2.3 评价结果与建议

1.评价结果

义门镇耕地产能质量评价等级结果，如表 6-2 所示。其空间分布状态与规律，如图 6-18 所示。从表 6-2 中可以看出，义门镇耕地产能质量评价等级主要集中在中等产能质量耕地（6 等）和低等产能质量耕地（7 级与 8 级），3 个等级的耕地面积分别为 831.65 hm^2、1 242.82 hm^2 和 1 366.39 hm^2，各占 24.17%、36.12% 和 39.71%。

表 6-2 耕地产能质量评价等级结果

级别	数目	面积/hm^2	比例/%
6 级	829	831.65	24.17
7 级	625	1 242.82	36.12
8 级	974	1 366.39	39.71

(1)在空间分布上　3个等级的耕地产能质量评价结果以6等为核心大致呈圈层分布,等级梯度分布规律明显。其中,6等主要分布在义门镇的自北向南的中部狭长地带,北部和西部也有局部分布;7等主要围绕6等呈地带性分布;8等主要集中在义门镇的外围空间,呈现条带与零星分布(图6-18)。

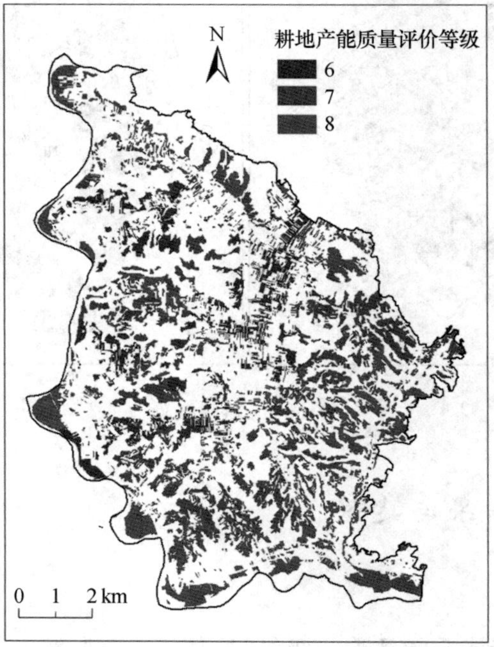

图6-18　耕地产能质量评价等级空间分布(见彩插)

(2)从地貌类型来看　6等地主要分布在黄土塬地和土石山地上,7等地主要分布在土石山地上,8等地主要分布在土石山地、黄土塬地上及部分河谷阶地上(图6-19)。

(3)从土壤类型来看　6等耕地与土壤类型的匹配数量关系依次为:黄土性土＞红土＞黑垆土＞淤土;7等耕地与土壤类型的匹配数量关系依次为:黄土性土＞红土＞淤土＞黑垆土;8等耕地与土壤类型的匹配数量关系依次为:黄土性土＞淤土＞红土＞黑垆土(图6-20)。

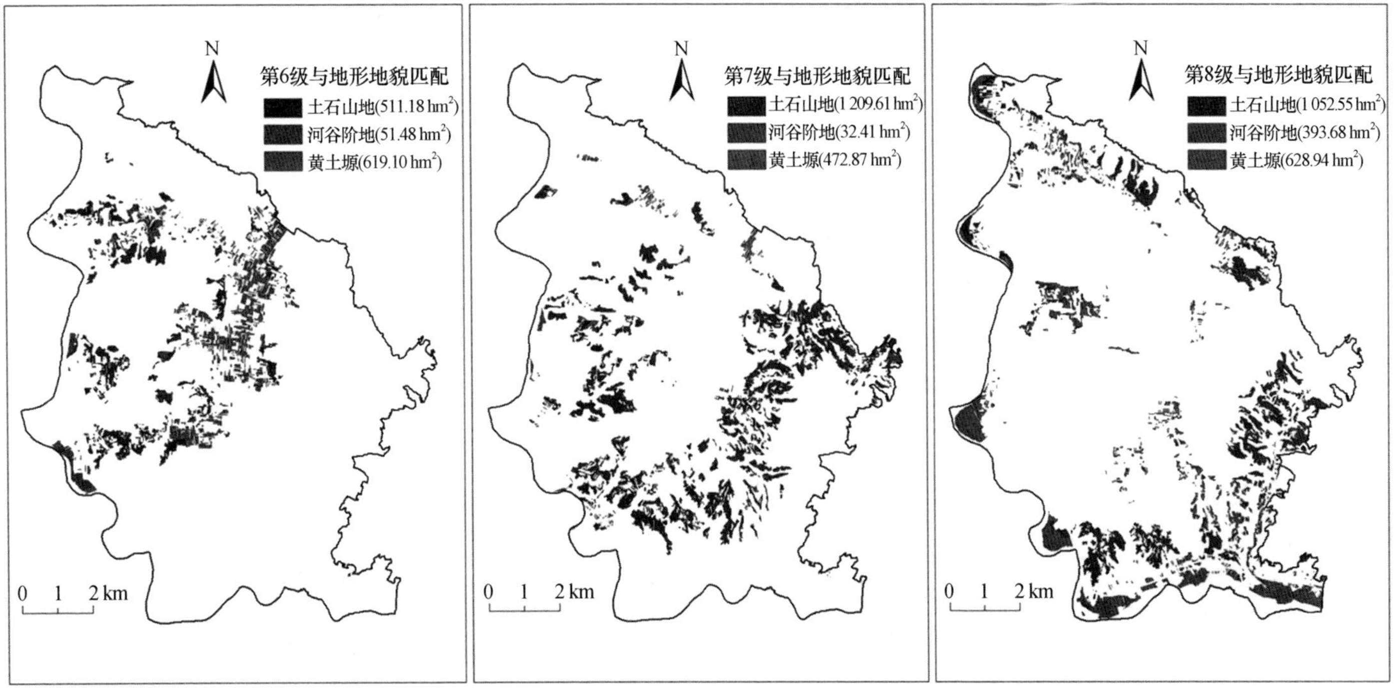

图6-19 耕地产能质量评价等级与地形部位空间匹配分析（见彩插）

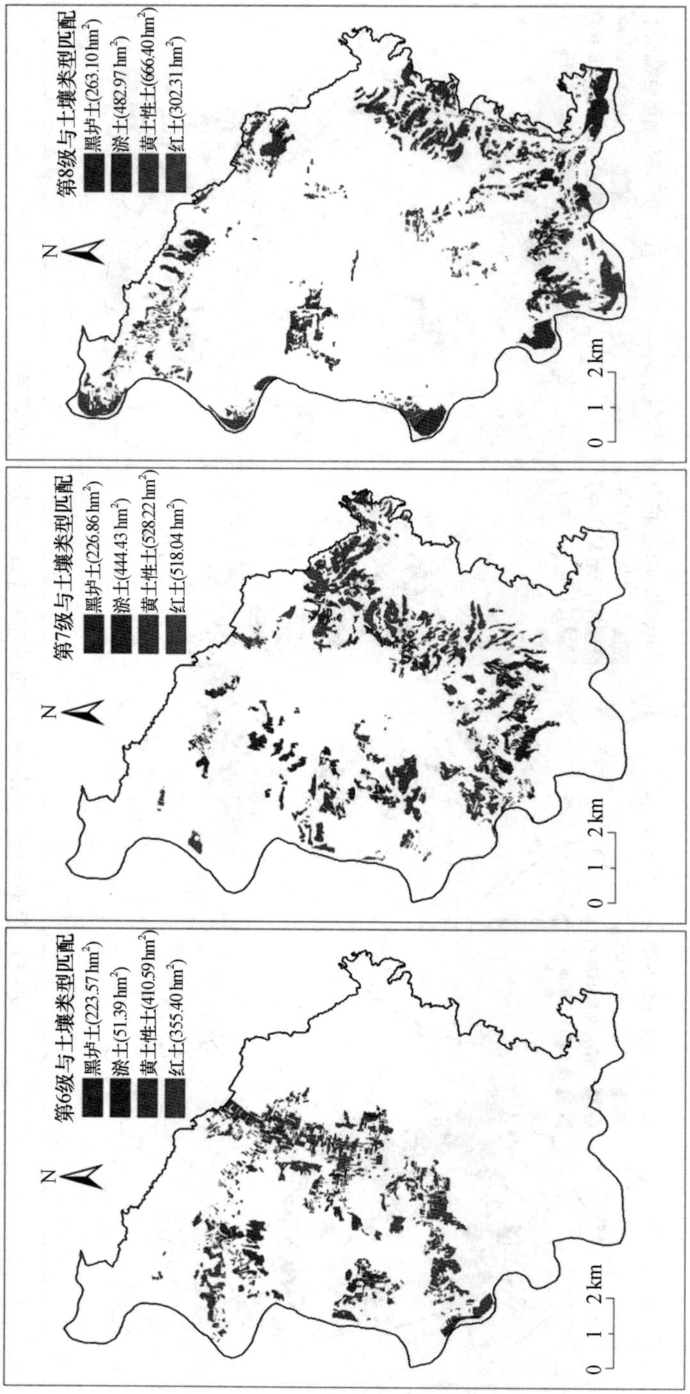

图6-20 耕地产能质量评价等级与土壤类型空间匹配分析（见彩插）

2.耕地利用现状与整治建议

目前，义门镇耕地总面积为 3 440.86 hm^2，主要以旱地为主，面积为 3 440.00 hm^2，占耕地总面积的 99.98%，在塬、坡、川均有分布；而水浇地面积仅有 0.85 hm^2，占耕地总面积的 0.02%(以下分析水浇地忽略不计)，主要分布在泾河川道。义门镇的基准作物为冬小麦，指定作物为冬小麦、春玉米，标准耕作制度冬小麦＞春玉米—冬小麦，复种类型为两年三熟(冬小麦＞春玉米—冬小麦)。

不同土壤类型和地形部位耕地分布面积比例，如表 6-3 所示。其中，土壤类型为黄土性土的面积占比最多，达到 37.16%，主要分布在沟坡地上，该类型耕地质地中壤偏轻，团块状构造，疏松多孔，耕性良好，田间持水量大，适种范围广，是主要的农业土壤，但因土壤属性与成土母质相似，抗侵蚀能力差，水土流失严重；红土类耕地的面积居其次，占 24.16%，主要分布在沟谷下半部和南部山坡地带，质地黏重，通透性差，适耕期短，肥力低；淤土类耕地占 22%，质地多为中壤，熟化层较厚，保水保肥；面积最少的是黑垆土类耕地，占 16.68%，该类型耕地质地主要为中壤或重壤，保水保肥，肥沃耐旱，适耕期长，宜种范围广，生产水平较高。

表 6-3 不同土壤类型和地形部位耕地分布面积比例

土类名称	面积/hm^2	比例/%	地形部位	面积/hm^2	比例/%
黑垆土	574.06	16.68	河谷阶地	293.72	8.54
红土	831.25	24.16	黄土塬	2 296.17	66.73
黄土性土	1 278.62	37.16	土石山地	850.97	24.73
淤土	756.93	22.00			

此外，基于障碍因子和耕作条件的各级耕地产能质量的田块数量及面积分布情况如，表 6-4 所示。可以明显看出，地形部位、田面坡度、土壤有机质和土壤养分是研究区的主要障碍因子。综上所述，研究区耕地利用过程中，需要注意以下措施。

①对于 6 等地，在土地利用过程中，首先，需要进一步补充土壤养分元素，尤其是需要增加有机肥料的施用来提高土壤肥力，其次，进一步采用一定的土地整治工程措施平整土地，降低耕作田块的田面坡度。

②对于 7 等地，除了 6 等地的相关注意事项以外，在利用过程中要注意

防止水土流失以及增施有机肥，改良土壤结构，保持土壤养分平衡。

③对于 8 等地，在利用过程中还需要注意加强排水系统的建设，防止局部地区排水不畅，产生滞水现象，导致土壤盐渍化问题，实现可持续土地利用。

表 6-4 不同障碍因子和耕作条件的田块数量及面积分布

<table>
<tr><th rowspan="3">等别</th><th colspan="2" rowspan="2">障碍因子</th><th colspan="6">耕作条件(t)</th></tr>
<tr><th colspan="2">4</th><th colspan="2">3</th><th colspan="2">2</th></tr>
<tr><th>类型</th><th>程度</th><th>田块数量/块</th><th>面积/hm²</th><th>田块数量/块</th><th>面积/hm²</th><th>田块数量/块</th><th>面积/hm²</th></tr>
<tr><td rowspan="4">6 等</td><td>土壤养分、田面坡度</td><td>轻度</td><td rowspan="2">6</td><td rowspan="2">66.61</td><td rowspan="2">248</td><td rowspan="2">365.05</td><td rowspan="2">—</td><td rowspan="2">—</td></tr>
<tr><td>土壤有机质</td><td>中度</td></tr>
<tr><td>土壤养分、田面坡度</td><td>轻度</td><td rowspan="2">10</td><td rowspan="2">35.93</td><td rowspan="2">533</td><td rowspan="2">328.72</td><td rowspan="2">—</td><td rowspan="2">—</td></tr>
<tr><td>土壤有机质、地形部位</td><td>中度</td></tr>
<tr><td rowspan="8">7 等</td><td>土壤养分和田面坡度</td><td>轻度</td><td rowspan="2">19</td><td rowspan="2">173.78</td><td rowspan="2">513</td><td rowspan="2">1 008.66</td><td rowspan="2">—</td><td rowspan="2">—</td></tr>
<tr><td>土壤有机质</td><td>重度</td></tr>
<tr><td>土壤养分</td><td>轻度</td><td rowspan="2">1</td><td rowspan="2">4.65</td><td rowspan="2">79</td><td rowspan="2">40.39</td><td rowspan="2">—</td><td rowspan="2">—</td></tr>
<tr><td>田面坡度、土壤有机质、地形部位</td><td>中度</td></tr>
<tr><td>土壤养分、田面坡度、有效土层厚度</td><td>轻度</td><td rowspan="2">—</td><td rowspan="2">—</td><td rowspan="2">12</td><td rowspan="2">14.64</td><td rowspan="2">—</td><td rowspan="2">—</td></tr>
<tr><td>土壤有机质</td><td>重度</td></tr>
<tr><td>田面坡度</td><td>轻度</td><td rowspan="2">—</td><td rowspan="2">—</td><td rowspan="2">1</td><td rowspan="2">0.69</td><td rowspan="2">—</td><td rowspan="2">—</td></tr>
<tr><td>土壤有机质</td><td>重度</td></tr>
<tr><td rowspan="5">8 等</td><td>土壤养分</td><td>轻度</td><td rowspan="2">1</td><td rowspan="2">15.79</td><td rowspan="2">151</td><td rowspan="2">301.98</td><td rowspan="2">—</td><td rowspan="2">—</td></tr>
<tr><td>田面坡度、土壤有机质</td><td>重度</td></tr>
<tr><td>土壤养分</td><td>轻度</td><td rowspan="3">5</td><td rowspan="3">63.26</td><td rowspan="3">126</td><td rowspan="3">363.98</td><td rowspan="3">1</td><td rowspan="3">0.14</td></tr>
<tr><td>地形部位</td><td>中度</td></tr>
<tr><td>土壤有机质</td><td>重度</td></tr>
</table>

6.3 耕地产能质量评价结果与已有耕地产能指数的对比分析

本研究将义门镇耕地产能质量评价结果与已有耕地产能指数进行了对比分析结果，如图 6-21 所示。试点耕地产能指数最小值 508，最大值 1 417

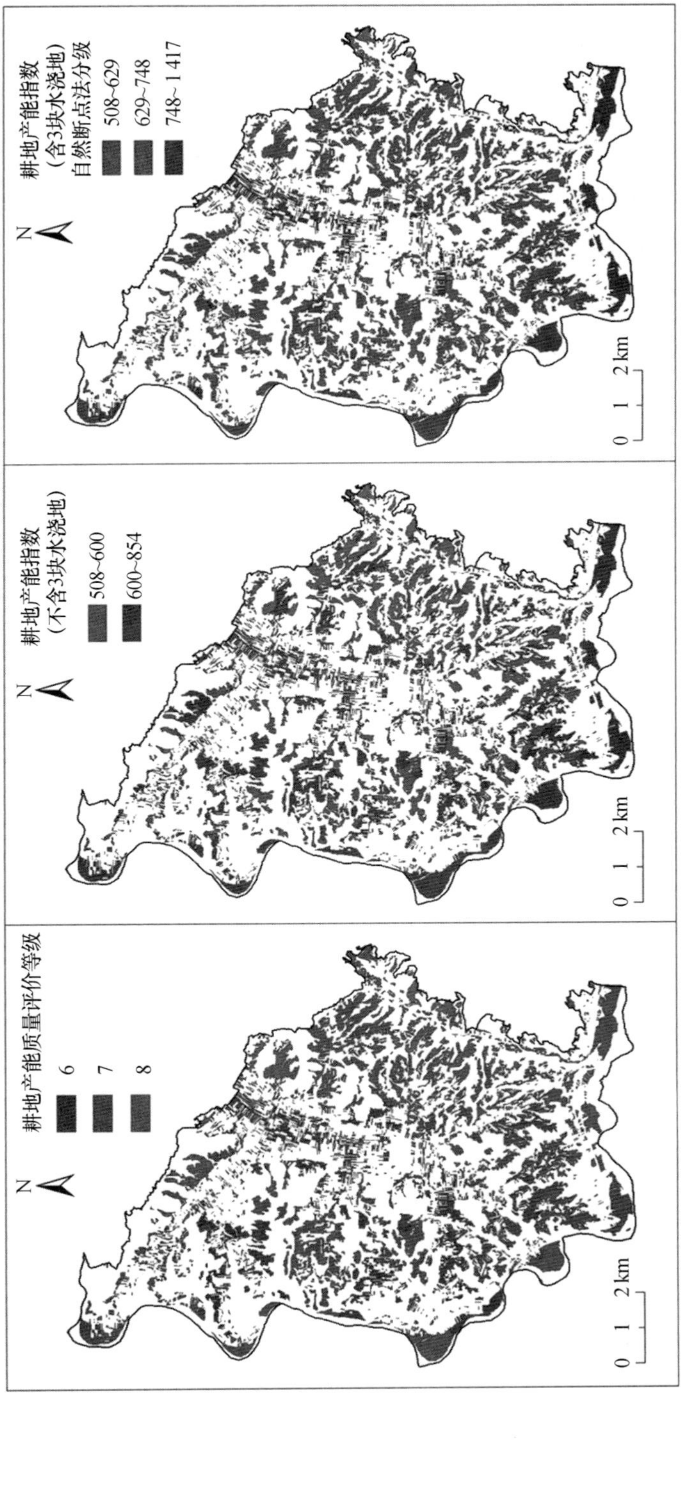

图6-21 耕地产能质量评价等级结果与已有耕地产能指数比较（见彩插）

(且只有 2 块面积小于 0.5 hm^2 的水浇地产能大于 1 200)。根据耕地产能指数等级标准划分为 3 个等级,即 11 等[1 200,1 500)、12 等[900,1 200)和 13 等[600,900)。

对比分析图 6-21(a)与图 6-21(c)可见,采用自然断点法重新分级后得到的耕地产能指数等级与本研究的 6 等、7 等和 8 等无论在数量上,还是空间分布上都具有相近的匹配程度。

7 结论与展望

7.1 结论

本研究系统梳理了国内外有关土地质量、耕地质量的不同概念，辨析了耕地、产能与质量之间的相互关系，明确了耕地质量评价的目的、内涵和表达方式；比较分析了美国、加拿大、南澳大利亚州、英国和德国的土地（耕地）质量评价系统框架、指标体系和评价方法的主要特点。在此基础上，开展了我国耕地产能质量与耕地环境质量的评价指标体系的构建与评价方法研究，并以陕西省彬县义门镇为案例区进行了实证应用，将评价结果与已有的耕地产能指数进行了对比分析，具体研究结论如下。

（1）通过比较分析国际上主要的土地质量评价系统，发现具有如下特点。

①针对性，强调耕地质量评价的"针对性"目标。各个国家的评价系统基本上可归为 3 类：第 1 类针对产能（capability），如英国和美国；第 2 类针对耕地环境（environment），如加拿大、欧盟；第 3 类综合了产能和环境，用来诊断耕地的总体"健康"状况（health＝capability＋environment）的，只有德国的这套系统如此。

②区域差异性，主要体现在一是作物类型不同，需要设定不同的阈值（南澳大利亚州，灌溉类指标），或是设定指定作物（indicator crop），如美国、德国；二是某些耕地限制性因子（威胁因子）属于个别区域特有。

③突出限制因子或威胁因子在评价中的作用，如强调耕地质量和产能评价中"最小限制因子"的作用，而在耕地环境质量评价中，则主要关注那些易受土地利用影响的"威胁因子"，如污染、侵蚀等。

④因子分级和质量等级数较少，如各质量因子分级一般为 3～5 级；而对土地质量评价等级一般都在 8 个等级以内，最少为 3 个等级。

⑤各国通用性指标主要集中在气候、土壤和地形条件，不通用指标一般都涉及区域性的威胁因子。

(2)本书将耕地质量分解为耕地产能质量和耕地环境质量，前者主要反映影响耕地生产能力的自然属性和耕作条件；后者则主要影响耕地的农产品质量和农业环境的可持续性。由此分别设置了耕地产能质量指标体系和耕地环境质量指标体系，其评价结果分别反映了耕地产能高低和耕地环境优劣，针对性更强，用于满足不同的评价目的。其中，耕地产能质量指标体系包括气候条件、地学条件、土壤性状和耕作条件等4大类15个全国通用指标和4个区域备选指标。气候条件、地学条件与土壤性状属于耕地质量的固有条件指标；耕作条件项为耕地质量的改良性指标。耕地环境质量指标是指影响耕地农业环境可持续性和农产品质量的土地属性或状态，包括土壤环境、水质环境、大气环境和生物学特性等4大类共9个评价指标。

(3)本书遵循了土壤肥力和耕地生产力的“最小限制因子定律”，在评价过程中突出了耕地障碍因子对耕地产能的限制作用，评价结果具有一定的科学性和针对性，为土地整治提供了明确方向；同时也避免了综合指数法中基于专家打分确定指标权重的主观性以及根据综合指数分段划分耕地质量等级的内涵模糊性。评价方法采用了“障碍因子识别法”(即最小限制因子法)，直接根据各指标状况(气候条件、地学条件和土壤性状)确定其障碍程度，且将“耕作条件”作为可改良属性，通过运用等权加权求和法得到其综合评分，最后将耕地产能划分为9等级，即高产能质量耕地(1级、2级、3级)、中等产能质量耕地(4级、5级、6级)、低产能质量耕地(7级、8级、9级)，分别对应于通常所说的高产田、中产田、低产田。各等级之间具有显著差异，且每个等级又具有明确的科学内涵，可根据障碍因子的类型和程度，制定相应的土地整治和建设规划。各等级耕地的具体内涵表述如下。

①高产能耕地：几乎没有或只有轻度的障碍因子，耕作条件较好，通过当年的适度投入即可满足农业生产的需要。

1等，无障碍因子，耕作条件为1级。

2等，具有1～2种轻度障碍因子，耕作条件为2级或1级或无障碍因子，耕作条件为2级。

3等，具有3种轻度障碍因子，耕作条件为3级、2级或1级或具有1～2种轻度障碍因子，耕作条件为3级。

②中等产能耕地：有多种轻度障碍因子或至少1种中度障碍因子，耕作

条件一般，需要通过较大投入或土地整治工程才能克服。

4 等，存在 3 种以上轻度障碍因子或存在 1 种中度障碍因子，耕作条件为 3 级、2 级或 1 级。

5 等，存在 1 种轻度障碍因子，并有 1 种中度障碍因子，耕作条件为 4 级、3 级、2 级或 1 级；或仅具有轻度障碍因子，耕作条件为 4 级或有 1 种中度障碍因子，耕作条件为 4 级。

6 等，存在 2 种及以上轻度障碍因子，并有 1 种中度障碍因子，或同时存在 2 种中度障碍因子，耕作条件为 4 级、3 级、2 级或 1 级。

③低产能耕地：有多种中度障碍因子或至少 1 种重度障碍因子，耕作条件较差，必须要通过土地整治工程才能克服。

7 等，存在多种中度障碍因子(2 种以上)或 1 种重度障碍因子，耕作条件为 4 级、3 级、2 级或 1 级。

8 等，存在 1 种及以上中度障碍因子，并有 1 种重度障碍因子或至多存在 1 种中度障碍因子，并有 2 种重度障碍因子，耕作条件为 4 级、3 级、2 级或 1 级。

9 等，存在 1 种以上中度障碍因子，并有 2 种重度障碍因子或同时存在 2 种以上重度障碍因子，耕作条件为 4 级、3 级、2 级或 1 级。

关于耕地环境质量评价的方法，一般采用环境综合指数法，也可以采用“最小障碍因子法”。耕地环境综合指数法首先需要确定候选指标的阈值及各指标每一分级的指标值(0～100)，采用德尔菲法确定特定主题下的所有指标权重；其次，将同一主题下的指标值乘以权重，加权求和依次计算土壤环境指数、水质环境指数、大气质量指数和生态质量指数；最后，等权重计算耕地环境综合指数。“最小障碍因子法”则是先从候选指标中识别出限制性因子，并明确各限制性因子的限制等级，以及对应的风险乘子；其次，等权重计算非限制性因子的加权平均值，记为环境基础指数；最后，取值最小的风险乘子为有效风险乘子，在此基础上，运用连乘法对环境基础指数进行修正，得到耕地环境指数。

(4)通过陕西省彬县义门镇的案例研究应用，并与已有耕地产能指数进行对比分析，本书的耕地产能质量的等级划分及评价结果无论在数量上还是空间分布上都能够更好地反映研究区耕地质量实际情况。

义门镇属于渭北黄土高原残垣沟壑区，海拔 900～1 200 m，多年平均降水量 579.6 mm，土壤类型有黄土性土、黑垆土、淤土、红土 4 个土类。义门镇耕地产能质量评价单元以 2014 年耕地图斑为基础，共有 2 428 个，面积为 3 440.86 hm^2。根据义门镇的区域特点及数据的可获取性，耕地产能质量评价选取 4 大类，共计 17 个指标，并对每个指标制作了空间分布图。评价结果表明，义门镇耕地产能质量等级主要集中在中等产能质量耕地(6 级)和低等产能质量耕地(7 级与 8 级)，3 个级别的耕地面积分别为 831.65 hm^2、1 242.82 hm^2 和 1 366.39 hm^2，各占 24.17%、36.12%和 39.71%。在空间分布上，3 个等级的耕地以 6 等为核心大致呈圈层分布，等级梯度分布规律明显。其中，6 等主要分布在义门镇的自北向南的中部狭长地带，北部和西部也有局部分布;7 级主要在围绕 6 级呈地带性分布;8 级主要集中在义门镇的外围空间，呈现条带与零星分布。地形部位、田面坡度、土壤有机质和土壤养分是研究区的主要障碍因子。

耕地利用过程中需要注意以下整治措施:①6 级耕地，首先，需要进一步补充土壤养分元素，尤其需要增加有机肥料的施用来提高土壤肥力，其次，进一步通过土地整治工程措施平整土地，降低耕作田块的田面坡度。②7 级耕地，除了 6 级耕地的相关注意事项以外，在利用过程中要注意防止水土流失，以及增施有机肥，改良土壤结构，保持土壤养分平衡。③8 级耕地，需要注意加强排水系统的建设，防止局部地区排水不畅，产生滞水现象，导致土壤盐渍化问题。

7.2 展望

习近平总书记在党的十九大报告中指出:“中国特色社会主义进入新时代，我国社会主要矛盾已经转化为人民日益增长的美好生活需要和不平衡不充分的发展之间的矛盾。”这一关于社会主要矛盾发生转化的科学判断是对我国国情的准确把握，是关乎全局的重大理论创新和实践创新，标志着我国进入中国特色社会主义进入新时代。

面对美好生活高要求的新形势，尤其是面临复杂的全球粮食贸易环境和不确定的气候变化及自然灾害风险，新时代的耕地保护工作也面临着诸多不平衡不充分的新矛盾。因此，首先，需要树立新的耕地质量管理观，即数量—质量—大生态三位一体的耕地利用与评价框架；其次，处理好区域社会经济发展与耕地管理之间的关系；再次，将优化种植结构与挖掘后备耕地资源潜力相结合。

同时，习近平同志在十九大报告中专门论述了自然资源与生态问题："加强对生态文明建设的总体设计和组织领导，设立国有自然资源资产管理和自然生态监管机构，完善生态环境管理制度，统一行使全民所有自然资源资产所有者职责，统一行使所有国土空间用途管制和生态保护修复职责，统一行使监管城乡各类污染排放和行政执法职责"，这将是推进生态文明建设和自然生态空间管控的重要举措，符合山水林田湖草"生命共同体"系统保护与监管的需要。土地生态系统作为"生命共同体"的主要载体，是生态文明建设的重要对象。

当前中国正处于社会经济发展转型期，不合理的土地利用与开发往往导致土地资源资产空间结构错配、土地生态功能破坏、系统质量退化，生产空间、生活空间和生态空间相互挤占、矛盾尖锐等问题。土地生态是土地生产功能的前提、底线和天花板，不进行土地生态的科学分析，就谈不上土地可持续利用和管理。因此，开展土地生态调查与评价是落实并实践应用自然资源资产管理和自然生态监管制度的一项基础性工作，需要回答 3 个问题：一是土地资源的基础质量（本底质量）是不是生态健康？二是土地利用的空间格局是不是生态安全？三是土地利用和管理方式上是否符合生态友好原则？

第一，土地资源质量是保障土地生态系统健康运行的基础。

研究表明，2015 年全国耕地平均质量等别为 9.96 等，优、高等地占全国耕地评定总面积的 29.4%；生态赤字严重，具有生态涵养功能的滩涂、沼泽减少 10.7%；2016 年《中国水资源公报》显示，劣 V 类水河长占 9.8%，富营养湖泊占 78.6%，富营养水库占 28.8%，水质富营养化依然较严重；黄河、松花江、淮河和辽河流域为轻度污染，海河流域为重度污染；地下水"三氮"污染情况较重，部分地区存在一定程度的重金属和有毒有机物污染；2014 年《全国土壤污染状况调查公报》表明，全国土壤环境状况总体不容乐观，部分地区土壤污染较重，耕地土壤环境质量堪忧，工矿业废弃地土壤环境问题突出，南方土壤污染重于北方，全国土壤污染点位超标率为 16.1%，其中耕地土壤点位超标率为19.4%;随着土地流转、农机购置补贴政策的实施,我国大中型农业机械保有量持续增长,农业机械长期在田间持续作业对土壤表面施加巨大压力,造成严重持久的土壤压实,制约农业可持续发展。此外,我国重要的粮食主产区的黑土也面临土壤有机质下降、耕层变薄、土壤养分库容偏低、土壤酸化、土壤微生物多样性下降等土地资源质量下降问题。

第二,土地生态安全格局构建是保障区域生态安全和人类福祉的关键环节。

土地生态安全主要指土地利用空间格局是否符合生物多样性原则,廊道、网络是否畅通,景观生态结构是否优化,生态服务功能与价值是否提升,等等。土地生态安全格局应体现出人与土地利用的关系,安全状态的生态系统其结构、功能和过程应处在良好的生存和发展状态,并能支撑社会经济的可持续发展。近30年来,快速城镇化发展导致一些城市面临一系列资源环境制约,土地生态安全面临严重威胁,生物多样性逐渐减少与丧失,土地生态安全问题成为区域土地资源可持续利用的主要"瓶颈",如耕地和湿地等重要生态用地显著减少,林地、湿地等生态网络斑块之间的联系非常脆弱,湿地面积、连接度、质量都有不同程度的下降,甚至遭到不可恢复的严重破坏;一些典型的生态敏感区,如三峡库区自2009年后土地生态安全发生了较大变化,土地生态安全警度明显提高;此外,我国退耕还林工程实施后,可有效控制坡地垦殖、增加林地面积,能够显著提高区域土地生态安全水平,一些地区景观生态结构优化明显。

第三,生态友好是保障土地可持续利用与管理的主要原则。

在土地利用和管理过程中,应当遵循土地生态系统的基本规律,倡导生态优先的土地利用方式和措施。对于耕地来讲,要大力推进化肥、农药的减量化使用,推广生态耕作模式等。2017年农业部发布的《中国化肥利用效率(肥耗)评价报告》显示我国主要粮食作物的肥耗水平趋于稳定,全国总体上化肥施用总量增速降至0.4%,我国"十三五"期间化肥使用量零增长目标有望如期实现;从目前来看,在农药生产量配合国家农药减量控量的大环境下,各大类农药均比过去有了较大幅度的减少,尤其是农药利用结构有很大的改善,有机磷类下降明显,但部分地区除草剂用量上升,杂草抗性明显增加;此外我国还存在坡耕地3.59亿亩,如果长年顺坡耕种,会导致严重的水土流失、耕层变薄、生产力下降，耕地生态功能降低弱化。据实测，东北黑土区坡耕地顺坡耕作改横坡垄作后，土壤侵蚀模数明显降低，而目前南方红壤区顺坡耕作普遍，坡耕地水土流失严重。

因此，如何从整体上回答土地资源的生态健康（质量）、生态安全（格局）和生态友好（利用），如何开展区域土地生态调查与评价成为关系到人类社会能否持续稳定发展的关键问题，这也是生态文明建设的核心内容之一。

参考文献

［1］Abdollahi L，Hansen EM，Rickson RJ，et al. Overall assessment of soil quality on humid sandy loams：effects of location，rotation and tillage. Soil & Tillage Research，2015，145：29-36.

［2］Aber J，Mcdowell W，Nadelhoffer K，et al. Nitrogen saturation in temperature forest ecosystem：hypotheses revisited. BioScience，1998，48(11)：921-934.

［3］AIWG (Agronomic Interpretations Working Group)，1995. Land suitability rating system for agricultural crops：1. Spring-seeded small grains. Edited by W. W. Pettapiece. Tech. Bull. No. 1995-6E. Centre for Land and Biological Resources Research，Research Branch，Agriculture and Agri-Food Canada，Ottawa. 90，2 maps. (CLBRR Cont No 95-04)

［4］Bendelow VC，Hartnup R. The assessment of climatic limitations in land use capability classification. ［UK］. Proceedings of the North of England Soils Discussion Group，1977.

［5］Clearwater RL，Martin T，Hoppe T. Environmental sustainability of Canadian Agriculture：Agri-Environmental Indicators Report Series. 2016.

［6］Dumanski J，Pieri C. Land quality indicators：research plan. Agriculture Ecosystems & Environment，2000，81(2)：93-102.

［7］Eilers W，Mackay R，Graham L. Environmental Sustainability of Canadian Agriculture：Agri-Environmental Indicators Report Series. 2010.

［8］Gasser PY，Smith CAS，Brierley JA，Schut PH，Neilsen D，Kenney EA. 2016. The use of the land suitability rating system to assess climate change. Canadian Journal of Soil Science 1701630. https://doi.

org/10. 13031/aim. 201701630.

[9] Government of South Australia (2002). Assessing agricultural land—Agricultural land classification standards in South Australia's land resources mapping program.

[10] Hanauer T, Pohlenz C, Kalandadze B, et al. Soil distribution and soil properties in the subalpine region of Kazbegi; greater caucasus; georgia: soil quality rating of agricultural soils. Annals of Agrarian Science, 2017, 1: 1-10.

[11] He C E, Liu X, Fangmeier A. Quantifying the total airborne nitrogen input into agroecosystems in the North China Plain. Agriculture Ecosystems & Environment, 2007, 121(4): 395-400.

[12] He YB, Chen YQ, Yang P, et al. An overview and perspective of alien land suitability evaluation study based on GIS technology. Progress in Geography, 2009, 28(6): 898-904.

[13] Hoobler BM. Applications of land evaluation and site assessment (LESA) and a geographic information system in east park county, Wyoming. Journal of Soil & Water Conservation, 2003, 58(2): 105-112.

[14] Huang P, Zhang J, Zhu A. Atmospheric deposition as an important nitrogen load to a typical agroecosystem in the Huang-Huai-Hai Plain. 1. Measurement and preliminary results. Atmospheric Environment, 2011, 45(20): 3400-3405.

[15] Huber S, Prokop G, Arrouays D, et al. 2008. Environmental Assessment of Soil for Monitoring: Volume I Indicators Criteria. EUR 23490 EN/1, Office for the Official Publications of the European Communities, Luxembourg: 339.

[16] James RP, Robert EC. Land Evaluation and Site Assessment: a guidebook for ratingagricultural lands (2nd edn). Ankeny, lowa: Soil and Water Conservation Society, 1996.

[17] Lefebvre A, Eilers W, Chunn B. Environmental sustainability of Canadian Agriculture: Agri-Environmental Indicators Report Series.

2005.

[18] Mckenzie DC. Visual soil examination techniques as part of a soil appraisal framework for farm evaluation in Australia. Soil & Tillage Research, 2013, 127: 26-33.

[19] McRae TC, Smith AS, Gregorich LJ. Environmental Sustainability of Canadian Agriculture: Agri-Environmental Indicators Report Series. Agr. gc. ca, 2000.

[20] Mueller L, Schindler U, Shepherd TG, et al. 2014. The Muencheberg Soil Quality Rating for Assessing the Quality of Global Farmland. In: Mueller L, Saparov A, Lischeid G. (eds) Novel Measurement and Assessment Tools for Monitoring and Management of Land and Water Resources in Agricultural Landscapes of Central Asia. Environmental Science and Engineering. Springer, Cham. https://doi.org/10.1007/978-3-319-01017-5_13.

[21] Pettapiece WW, Tychon G, Spatial Data Systems Consulting. 2006. Land Suitability Rating System enhancements: modifications of the Alberta platform to accommodate NSDB-SLC data. A report describing the process and including a computer program (LSRS 2.7) with documentation for SLC rating analysis across Canada submitted to PFRA, Agriculture and Agri-Food Canada (J. Fitzmaurice, Scientific Advisor). Winnipeg, MB.

[22] Römbke J, Beck L, Förster B. Boden als Lebensraum für Bodenorganismen und bodenbiologische Standortklassifikation-Literaturstudie. Texte und Berichte zum Bodenschutz 4/97. Landesanstalt für Umweltschutz BadenWürttemberg (Karlsruhe), 1997: 390.

[23] Russow RW, Böhme F, Neue H U. A new approach to determine the total airborne N input into the soil/plant system using 15N isotope dilution (ITNI): results for agricultural areas in Central Germany. Scientificworldjournal, 2001, 2(4): 255-260.

[24] Shepherd TG. 2000. Visual soil assessment. Volume 1. Field guide

for cropping and pastoral grazing on flat to rolling country. Horizons. mw/Landcare Research，Palmerston North：84.

[25] Sparks J，Walker J，Guenther A. Dry nitrogen deposition estimates over a forest experiencing free air CO_2 enrichment. Global Change Biology，2008，14：766-781.

[26] Svarstad H，Petersen LK，Rothman D，et al. Discursive biases of the environmental research framework DPSIR. Land Use Policy，2008，25(1)：116-125.

[27] Ward RM. The US farmland protection policy act：another case of benign neglect. Land Use Policy，1991，8(1)：63-68.

[28] Xie Y，Xiong Z，Xing G. Source of nitrogen in wet deposition to a rice agroecosystem at Tai lake region. Atmospheric Environment，2008，42(21)：5182-5192.

[29] Zhang，Liu，X. J，et al. Nitrogen inputs and isotopes in precipitation in the North China Plain. Atmospheric Environment，2008，42(7)：1436-1448.

[30] 蔡金娟. 美国关于采用蚯蚓数量判断土壤质量的研究. 水土保持应用技术，2004(3)：11-12.

[31] 蔡运龙，李军. 土地利用可持续性的度量——一种显示过程的综合方法. 地理学报，2003，58(2)：305-313.

[32] 陈百明，张凤荣. 中国土地可持续利用指标体系的理论与方法. 自然资源学报，2001，16(3)：197-203.

[33] 陈百明. 区域土地可持续利用指标体系框架的构建与评价. 地理科学进展，2002，21(3)：204-215.

[34] 陈建秀，麻智春，严海娟，等. 跳虫在土壤生态系统中的作用. 生物多样性，2007，15(2)：154-161.

[35] 陈能汪，洪华生，肖健，等. 九龙江流域大气氮干沉降. 生态学报，2006，26(8)：2602-2607.

[36] 陈玉芳. 土壤环境质量监测的现状及发展趋势. 中国资源综合利用，2017(3)：67-69.

[37] 程樟峰，郭瑞，王义平，等. 浙江清凉峰弹尾虫多样性及森林土壤环境评价的初步研究. 浙江农林大学学报，2015，32(1)：104-109.

[38] 戴尔阜，蔡运龙，傅泽强. 土地可持续利用的系统特征与评价. 北京大学学报：自然科学版，2002，38(2)：231-238.

[39] 付国珍，摆万奇. 耕地质量评价研究进展及发展趋势. 资源科学，2015，37(2)：226-236.

[40] 傅伯杰，马诚. 土地可持续利用评价的指标体系与方法. 自然资源学报，1997，12(2)：112-118.

[41] 关文荣. 农用地的分等定级与估价. 中国土地，2000(4)：22-24.

[42] 贾钧彦，张颖，蔡晓布，等. 藏东南大气氮湿沉降动态变化——以林芝观测点为例. 生态学报，2009，29(4)：1907-1913.

[43] 蒋剑敏. 蚯蚓与土壤肥力. 土壤，1985，17(4)：3-15.

[44] 孔祥斌，李翠珍，梁颖，等. 基于农户用地行为的耕地生产力及隐性损失研究. 地理科学进展，2010，29(7)：869-877.

[45] 孔祥斌，等. 中国西部耕地质量等别评价、分布与监测. 北京：中国农业大学出版社，2017.

[46] 冷疏影，李秀彬. 土地质量指标体系国际研究的新进展. 地理学报，1999，20(2)：177-185.

[47] 李秋洪. 论农田“白色污染”的防治技术. 农业环境与发展，1997(2)：17-19.

[48] 李生秀，寸待贵，高亚军，等. 黄土旱塬降水向土壤输入的氮素. 干旱地区农业研究，1993(s1)：83-92.

[49] 李世清，李生秀. 陕西关中湿沉降输入农田生态系统中的氮素. 农业环境科学学报，1999，18(3)：97-101.

[50] 李治国，周静博，张丛，等. 农田地膜污染与防治对策. 河北工业科技，2015，32(2)：177-182.

[51] 刘东红，周文佐，何万华，等. 土地可持续利用评价与诊断——以安徽省为例. 江西农业学报，2018(2)：129-134.

[52] 刘黎明. 土地资源学. 北京：中国农业大学出版社，2011.

[53] 刘青松. 农业环境保护. 北京：中国环境科学出版社，2003.

[54] 刘世梁，傅伯杰，刘国华，等. 我国土壤质量及其评价研究的进展. 土壤通报，2006，1(1)：137-143.

[55] 刘祥雷，季善贵，付廷贵，等. 覆膜农田地膜残留量演变的调查与研究. 花生科技，2000(4)：11-14.

[56] 刘学军，张福锁. 环境养分及其在生态系统养分资源管理中的作用——以大气氮沉降为例. 干旱区研究，2009，26(3):306-311.

[57] 刘友兆，马欣，徐茂. 耕地质量预警. 中国土地科学，2003，17(6)：9-12.

[58] 鲁明星，贺立源，吴礼树. 我国耕地地力评价研究进展. 生态环境学报，2006，15(4)：866-871.

[59] 马辉，梅旭荣，严昌荣，等. 华北典型农区棉田土壤中地膜残留特点研究. 农业环境科学学报，2008，27(2)：570-573.

[60] 马依吟. 湖南省湘潭市土地潜力评价研究. 湖南农业大学，2016.

[61] 蒙吉军. 土地评价与管理. 北京:科学出版社，2005.

[62] 齐增湘，廖建军，徐卫华，等. 基于 GIS 的秦岭山区聚落用地适宜性评价. 生态学报，2015，35(4)：1274-1283.

[63] 钱海滨，薛永森，田彦军. 土地资源合理利用评价研究综述. 中国土地科学，2001，15(2)：14-19.

[64] 邵景安. 农用地分等定级研究进展. 成都大学学报：自然科学版，2002，21(3)：30-35.

[65] 沈健林，刘学军，张福锁. 北京近郊农田大气 NH_3 与 NO_2 干沉降研究. 土壤学报，2008，45(1)：165-169.

[66] 沈仁芳，陈美军，孔祥斌，等. 耕地质量的概念和评价与管理对策. 土壤学报，2012，49(6)：1210-1217.

[67] 沈善敏. 氮肥在中国农业发展中的贡献和农业中氮的损失. 土壤学报：增刊，2002，39：12-25.

[68] 石玉林. 关于《中国 1/100 万土地资源图土地资源分类工作方案要点》(草案)的说明. 资源科学，1982，4(1)：63-69.

[69] 舒帮荣，刘友兆，陆效平，等. 能值分析理论在耕地可持续利用评价中的应用研究——以南京市为例. 自然资源学报，2008，23(5)：

876-885.

[70] 宋玉芝，秦伯强，杨龙元，等. 大气湿沉降向太湖水生生态系统输送氮的初步估算. 湖泊科学，2005，17(3)：226-230.

[71] 孙艳敏. 县级土地类型划分及其在耕地分等中的应用——以太原市万柏林区为例. 中国农业大学，2004.

[72] 孙志高，刘景双，王金达. 三江平原典型湿地系统湿沉降中氮浓度及沉降量初步研究. 土壤与作物，2007，23(1)：114-119.

[73] 唐强，鲍玉海，贺秀斌，等. 土壤侵蚀监测新方法和新技术. 中国水土保持科学，2011，09(2)：11-18.

[74] 汪媛媛，杨忠芳，余涛. 土壤质量评价研究进展. 安徽农业科学，2011，39(36)：22617-22622.

[75] 王方远. 河南省耕地可持续利用评价研究. 河南大学，2017.

[76] 王静，濮励杰，张凤荣，等. 县级土地资源可持续利用评价指标体系与评价方法——以江苏锡山为例. 资源科学，2003，25(5)：40-45.

[77] 王磊，程淑兰，方华军，等. 外源性 NH_4^+ 和 NO_3^- 输入对亚热带人工林土壤 N_2O 排放的影响. 土壤学报，2016，53(03)：724-734.

[78] 王序俭，曹肆林，王敏，等. 农田地膜残留现状、危害及防治措施研究. 中国环境科学学会学术年会论文集. 第五章 环境污染防治，2013：5023-5028.

[79] 王玉波. 县域耕地质量综合评价研究. 资源开发与市场，2009，25(7)：599-601.

[80] 王志辉，张颖，刘学军，等. 黄土区降水降尘输入农田土壤中的氮素评估. 生态学报，2008，28(7)：3295-3301.

[81] 王子凌. GIS技术在土地评价中的应用研究进展与展望. 国土与自然资源研究，2013(4)：13-16.

[82] 吴大放，刘艳艳，董玉祥，等. 我国耕地数量、质量与空间变化研究综述. 热带地理，2010，30(2)：108-113.

[83] 吴群. 耕地质量、等级与价格刍议. 山东农业工程学院学报，2002(1)：73-74.

[84] 谢俊奇. 可持续土地利用系统研究. 中国土地科学，1999(4)：35-38.

[85] 谢迎新，张淑利，赵旭，等. 长江三角洲雨水中 NH_4^+-N/NO_3^--N 和 $\delta^{15}NH_4^+$ 值的变化. 应用生态学报，2008，19(9)：2035-2041.

[86] 徐梦洁，彭补拙. 长江三角洲地区耕地可持续利用评价. 中国土地科学，2001，15(4)：11-15.

[87] 徐勇，林冠. 论农业生产能力与农户生产能力提高的非均衡性——以社会化小农为分析视角. 江汉论坛，2011(8)：5-8.

[88] 薛敏. 滨渤海县域土地适宜性评价与利用结构优化. 山东农业大学，2017.

[89] 严兵. 土地适宜性评价. 中国农业资源与区划，1989，10(4)：58-61.

[90] 严昌荣，梅旭荣，何文清，等. 农用地膜残留污染的现状与防治. 农业工程学报，2006，22(11)：269-272.

[91] 严长清，孙电，赖力，等. 江苏省沿江产业带土地资源可持续利用的综合评价. 经济地理，2006(26)：183-187.

[92] 晏维金，章申，王嘉慧. 长江流域氮的生物地球化学循环及其对输送无机氮的影响——1968—1997 年的时间变化分析. 地理学报，2001，56(5)：505-514.

[93] 杨彦明，傅建伟，庞彰，等. 内蒙古农田地膜残留现状分析. 北方农业学报，2010(1)：10-12.

[94] 尹君. 土地资源可持续利用评价指标体系研究. 中国土地科学，2001，15(2)：6-9.

[95] 尹文英，杨逢春，王振中，等. 中国亚热带土壤动物. 北京：科学出版社，1992.

[96] 张凤荣，安萍莉，王军艳，等. 耕地分等中的土壤质量指标体系与分等方法. 资源科学，2002，24(2)：71-75.

[97] 张凤荣，王秀丽，梁小宏，等. 对全国第二次土壤普查中土类、亚类划分及其调查制图的辨析. 土壤，2014(4)：761-765.

[98] 张江华，蒋平安，申玉熙，等. 新疆农田地膜污染现状及对策. 新疆农业科学，2010，47(8)：1656-1659.

[99] 赵春雨，朱永恒. 耕地质量指标体系的构建. 资源开发与市场，2006，22(3)：224-227.

[100] 赵登辉，郭川. 对耕地定级与估价几个问题的思考. 中国土地，1997(12)：18-25.

[101] 赵小敏，张军. GIS支持下的鄱阳湖生态经济区耕地资源可持续利用评价. 土壤学报，2012，49(1)：1-8.

[102] 赵艳霞，侯青，徐晓斌，等. 2005年中国酸雨时空分布特征. 气候变化研究进展，2006，2(5)：36-39.

[103] 郑乐怡，归鸿. 昆虫分类:上. 南京:南京师范大学出版社，1999.

[104] 钟毅. 广东省土地资源可持续利用综合评价. 中国土地科学，2001，15(5)：43-48.

[105] 周炳中，杨浩，包浩生，等. PSR模型及在土地可持续利用评价中的应用. 自然资源学报，2002，17(5)：541-548.

[106] 朱炫，潘杨，焦锋，等. 大气氮磷沉降量分析——以杭州北里湖为例. 安全与环境学报，2015，15(3)：313-316.